全国“八五”普法
普法知识题集系列 13

信访工作条例

XINFANG GONGZUO TIAOLI

普法知识题集

PUFA ZHISHI TIJI

中国法制出版社
CHINA LEGAL PUBLISHING HOUSE

图书在版编目（CIP）数据

信访工作条例普法知识题集 / 中国法制出版社编
. —北京：中国法制出版社，2022. 4
（普法知识题集系列）
ISBN 978-7-5216-2556-1

Ⅰ. ①信… Ⅱ. ①中… Ⅲ. ①信访工作-条例-中国-习题集 Ⅳ. ①D922. 182-44

中国版本图书馆 CIP 数据核字（2022）第 038787 号

策划统筹 胡 斌 唐 鹍
责任编辑 刘海龙　　　　封面设计 李 宁

信访工作条例普法知识题集

XINFANG GONGZUO TIAOLI PUFA ZHISHI TIJI

编者/中国法制出版社
经销/新华书店
印刷/三河市紫恒印装有限公司
开本/880 毫米×1230 毫米 32 开　　　　印张/ 7 字数/ 140 千
版次/2022 年 4 月第 1 版　　　　2022 年 4 月第 1 次印刷

中国法制出版社出版
书号 ISBN 978-7-5216-2556-1　　　　定价：32. 00 元

北京市西城区西便门西里甲 16 号西便门办公区
邮政编码：100053　　　　传真：010-63141600
网址：http：//www. zgfzs. com　　　　编辑部电话：010-63141814
市场营销部电话：010-63141612　　　　印务部电话：010-63141606

（如有印装质量问题，请与本社印务部联系。）

编辑说明

当前，我国已开启全面建设社会主义现代化国家新征程，进入新发展阶段。通过开展“八五”普法，使公民法治素养和社会治理法治化水平显著提升，形成全社会尊法学法守法用法的良好氛围。多层次多领域依法治理深入推进，全社会办事依法、遇事找法、解决问题用法、化解矛盾靠法的法治环境显著改善。

提升公民法治素养是全民普法的主要目标，也是全面依法治国的迫切要求，要突出重点对象，分层分类指导。实行公民终身法治教育制度，把法治教育纳入干部教育体系、国民教育体系、社会教育体系，不断提升全体公民法治意识和法治素养。坚持学用结合、普治并举。注重在立法、执法、司法和法律服务过程中开展实时普法，把普法深度融入立法、执法、司法和法律服务全过程，把普法融入法治实践、基层治理和日常生活。

为配合“八五”普法工作需要，我们组织编写了“普法知识题集系列丛书”。定位普法，覆盖公民、国家工作人员、领导干部、青少年、企业人员等，题型丰富、解析精准、难度适中，从试题角度为普法工作学习提供检验测试工具。丛书具有以下特点：

一、题型丰富。题型涵盖判断题、单选题、多选题、填空题、简答题，完备系统。

二、解析精准。习题均附有参考答案，解析有法律条文做依据，精准可靠。部分判断题、填空题的解析出于节省篇幅考虑，只列出答案和条文序号。

三、难度适中。习题设置避免难题、偏题、怪题，以突出应知应会和重点条文为出发点设置。

本丛书既适合机关、团体、学校、企业、事业单位等组织相关培训配套使用，也适合有学习需求的广大读者阅读。希望本丛书的出版能够有助于引导广大读者养成自觉守法的意识，形成遇事找法的习惯，培养解决问题靠法的意识和能力。为建设信仰法治、公平正义、保障权利、守法诚信、充满活力、和谐有序的社会主义法治社会贡献一份力量。

由于时间和水平有限，不足之处在所难免，敬请广大读者批评指正。

中国法制出版社

目录

一、信访工作条例

第一章　总　　则

（一）判断题

1. 信访工作是党的群众工作的重要组成部分，是各级机关、单位及其领导干部、工作人员接受群众监督、改进工作作风的重要途径。(　　)

2. 各级机关、单位应当畅通信访渠道，做好信访工作，认真处理信访事项，倾听人民群众建议、意见和要求，接受人民群众监督，为人民群众服务。(　　)

（二）单项选择题

为了坚持和加强党对信访工作的(　　)领导，做好新时代信访工作，保持党和政府同人民群众的密切联系，制定《信访工作条例》。

A. 政治　　B. 重点

C. 全方位　　D. 全面

（三）多项选择题

信访工作是党的群众工作的重要组成部分，是党和政府(　　)的一项重要工作。

A. 了解民情　　B. 集中民智

C. 维护民利　　D. 凝聚民心

（四）填空题

1.《信访工作条例》适用于各级党的机关、____、行政机关、____、监察机关、____、检察机关以及群团组织、____等开展信访工作。

2. 信访工作坚持以马克思列宁主义、毛泽东思想、邓小平理论、“三个代表”重要思想、科学发展观、习近平新时代中国特色社会主义思想为____，贯彻落实习近平总书记关于____人民信访工作的重要思想，增强“四个意识”、坚定“四个自信”、做到“两个维护”，牢记____的政治责任，坚守人民情怀，坚持底线思维、法治思维，服务党和国家工作大局，维护群众合法权益，化解信访____问题，促进社会和谐稳定。

（五）简答题

简述信访工作应当遵循的原则。

参考答案

（一）判断题

1. √，解析：根据《信访工作条例》第 3 条规定。

2. √，解析：根据《信访工作条例》第 6 条规定。

（二）单项选择题

D，解析：根据《信访工作条例》第 1 条规定，为了坚持和加强党对信访工作的全面领导，做好新时代信访工作，保持党和政府同人民群众的密切联系，制定本条例。

（三）多项选择题

ABCD，解析：根据《信访工作条例》第 3 条规定，信访工作是党的群众工作的重要组成部分，是党和政府了解民情、集中民智、维护民利、凝聚民心的一项重要工作，是各级机关、单位及其领导干部、工作人员接受群众监督、改进工作作风的重要途径。

（四）填空题

1. 人大机关；政协机关；审判机关；国有企事业单位。（《信访工作条例》第 2 条）
2. 指导；加强和改进；为民解难、为党分忧；突出。（《信访工作条例》第 4 条）

（五）简答题

答：根据《信访工作条例》第 5 条规定，信访工作应当遵循下列原则：（1）坚持党的全面领导。把党的领导贯彻到信访工作各方面和全过程，确保正确政治方向。（2）坚持以人民为中心。践行党的群众路线，倾听群众呼声，关心群众疾苦，千方百计为群众排忧解难。（3）坚持落实信访工作责任。党政同责、一岗双责，属地管理、分级负责，谁主管、谁负责。（4）坚持依法按政策解决问题。将信访纳入法治化轨道，依法维护群众权益、规范信访秩序。（5）坚持源头治理化解矛盾。多措并举、综合施策，着力点放在源头预防和前端化解，把可能引发信访问题的矛盾纠纷化解在基层、化解在萌芽状态。

第二章 信访工作体制

(一) 判断题

1. 地方党委领导本地区信访工作，贯彻落实党中央关于信访工作的方针政策和决策部署，执行上一级党组织关于信访工作的部署要求，统筹信访工作责任体系构建，支持和督促下级党组织做好信访工作。(　　)

2. 中央信访工作联席会议由党中央、国务院领导同志以及有关部门负责同志担任召集人，各成员单位负责同志参加。(　　)

3. 地方各级信访工作联席会议在本级党委和政府领导下，负责本地区信访工作的统筹协调、整体推进、督促落实，协调处理发生在本地区的所有信访问题，指导下级信访工作联席会议工作。(　　)

4. 各级党委和政府信访部门以外的其他机关、单位应当根据信访工作形势任务，明确负责信访工作的机构或者人员，参照党委和政府信访部门职责，明确相应的职责。(　　)

5. 乡镇党委和政府、街道党工委和办事处以及村（社区）“两委”应当全面发挥职能作用，坚持和发展新时代“枫桥经验”，积极协调处理化解发生在当地的信访事项和矛盾纠纷，努力做到小事不出镇、大事不出县、矛盾不上交。(　　)

6. 各级党委和政府信访部门主要负责同志应当由本级党委或者政府秘书长〔办公厅（室）主任〕兼任。(　　)

（二）单项选择题

1. 中央信访工作联席会议办公室设在(　　)，承担联席会议的日常工作，督促检查联席会议议定事项的落实。

A. 中央宣传部　　B. 国家信访局

C. 司法部　　D. 全国人大常委会

2. 中央信访工作联席会议各成员单位应当落实联席会议确定的工作任务和议定事项，(　　)报送落实情况；及时将本领域重大敏感信访问题提请联席会议研究。

A. 立刻　　B. 立即

C. 及时　　D. 即时

3. 根据工作需要，乡镇党委和政府、街道党工委和办事处可以建立信访工作联席会议机制，或者明确党政联席会定期研究本地区信访工作，协调处理发生在本地区的(　　)信访问题。

A. 重要　　B. 重点

C. 所有　　D. 部分

4. 各级党委和政府应当加强信访部门建设，选优配强领导班子，配备与形势任务相适应的工作力量，建立健全信访(　　)制度，打造高素质专业化信访干部队伍。

A. 督查专员　　B. 巡查专员

C. 巡视专员　　D. 监察专员

5. 各级党校（行政学院）应当将信访工作作为(　　)教育内容纳入教学培训，加强干部教育培训。

A. 纪律　　B. 政治

C. 党性　　D. 作风

（三）多项选择题

1. 坚持和加强党对信访工作的全面领导，构建(　　)、各方齐抓共管的信访工作格局。

A. 党委统一领导　　B. 政府组织落实

C. 信访工作联席会议协调　　D. 信访部门推动

2. 各级政府贯彻落实上级党委和政府以及本级党委关于信访工作的部署要求，科学民主决策、依法履行职责，组织各方力量加强矛盾纠纷排查化解，及时妥善处理信访事项，研究解决(　　)信访突出问题和疑难复杂信访问题。

A. 普遍性　　B. 突出性

C. 政策性　　D. 群体性

3. 中央信访工作联席会议研究涉及信访工作改革发展的重大问题和重要信访事项的处理意见，应当及时向(　　)请示报告。

A. 党中央　　B. 国务院

C. 中央宣传部　　D. 司法部

4. 地方党委和政府应当根据信访工作形势任务，及时调整成员单位，健全规章制度，建立健全信访信息分析研判、重大信访问题协调处理、联合督查等工作机制，提升联席会议工作的(　　)水平。

A. 科学化　　B. 制度化

C. 规范化　　D. 现代化

5. 各级机关、单位应当拓宽社会力量参与信访工作的制度化渠道，发挥(　　)等作用，反映群众意见和要求，引导群众依法理性反映诉求、维护权益，推动矛盾纠纷及时有效化解。

A. 群团组织　　B. 社会组织

C. “两代表一委员”　　D. 社会工作者

6. 各级机关、单位应当建立健全(　　)到信访工作岗位锻炼制度。
   A. 年轻干部　　B. 年轻公务员
   C. 新录用干部　　D. 新录用公务员

(四) 填空题

1. 地方党委常委会应当____听取信访工作汇报，分析形势，部署任务，研究____事项，解决____问题。
2. 中央信访工作联席会议根据工作需要召开____或者____。
3. 地方各级信访工作联席会议召集人一般由____负责同志担任。
4. 各级党委和政府以外的其他机关、单位应当做好各自____的信访工作，按照规定及时受理办理信访事项，____政策性、群体性信访问题，加强对下级机关、单位信访工作的____。
5. 各级党委和政府应当为信访工作提供必要的支持和保障，所需经费列入____。

(五) 简答题

1. 简述党中央加强对信访工作的统一领导。
2. 简述中央信访工作联席会议的职责。
3. 简述各级党委和政府信访部门的职责。

参考答案

(一) 判断题

1. ×，解析：根据《信访工作条例》第 9 条第 1 款规定，地方党委领导本地区信访工作，贯彻落实党中央关于信访工作的方针政策和决策部署，执行上级党组织关于信访工作的部署要求，统筹信访工作责任体系构建，支持和督促下级党组织做好信访工作。

2. √，解析：根据《信访工作条例》第 11 条规定。

3. ×，解析：根据《信访工作条例》第 13 条第 1 款规定，地方各级信访工作联席会议在本级党委和政府领导下，负责本地区信访工作的统筹协调、整体推进、督促落实，协调处理发生在本地区的重要信访问题，指导下级信访工作联席会议工作。联席会议召集人一般由党委和政府负责同志担任。

4. √，解析：根据《信访工作条例》第 14 条规定。

5. ×，解析：根据《信访工作条例》第 15 条第 3 款规定，乡镇党委和政府、街道党工委和办事处以及村（社区）“两委”应当全面发挥职能作用，坚持和发展新时代“枫桥经验”，积极协调处理化解发生在当地的信访事项和矛盾纠纷，努力做到小事不出村、大事不出镇、矛盾不上交。

6. ×，解析：根据《信访工作条例》第 16 条第 1 款规定，各级党委和政府应当加强信访部门建设，选优配强领导班子，配备与形势任务相适应的工作力量，建立健全信访督查专员制度，打造高素质专业化信访干部队伍。各级党委和政府信访部门主要负责同志应当由本级党委或者政府副秘书长〔办公厅（室）副主任〕兼任。

（二）单项选择题

1. B，解析：根据《信访工作条例》第 11 条第 2 款规定，中央信访工作联席会议由党中央、国务院领导同志以及有关部门负责同志担任召集人，各成员单位负责同志参加。中央信访工作联席会议办公室设在国家信访局，承担联席会议的日常工作，督促检查联席会议议定事项的落实。

2. C，解析：根据《信访工作条例》第 12 条第 2 款规定，中央信访工作联席会议各成员单位应当落实联席会议确定的工作任务和议定事项，及时报送落实情况；及时将本领域重大敏感信访问题提请联席会议研究。

3. A，解析：根据《信访工作条例》第 13 条第 3 款规定，根据工作需要，乡镇党委和政府、街道党工委和办事处可以建立信访工作联席会议机制，或者明确党政联席会定期研究本地区信访工作，协调处理发生在本地区的重要信访问题。
4. A，解析：根据《信访工作条例》第 16 条第 1 款规定，各级党委和政府应当加强信访部门建设，选优配强领导班子，配备与形势任务相适应的工作力量，建立健全信访督查专员制度，打造高素质专业化信访干部队伍。各级党委和政府信访部门主要负责同志应当由本级党委或者政府副秘书长〔办公厅（室）副主任〕兼任。
5. C，解析：根据《信访工作条例》第 16 条第 2 款规定，各级党校（行政学院）应当将信访工作作为党性教育内容纳入教学培训，加强干部教育培训。

（三）多项选择题

1. ABCD，解析：根据《信访工作条例》第 7 条规定，坚持和加强党对信访工作的全面领导，构建党委统一领导、政府组织落实、信访工作联席会议协调、信访部门推动、各方齐抓共管的信访工作格局。
2. CD，解析：根据《信访工作条例》第 10 条规定，各级政府贯彻落实上级党委和政府以及本级党委关于信访工作的部署要求，科学民主决策、依法履行职责，组织各方力量加强矛盾纠纷排查化解，及时妥善处理信访事项，研究解决政策性、群体性信访突出问题和疑难复杂信访问题。
3. AB，解析：根据《信访工作条例》第 12 条第 1 款规定，中央信访工作联席会议根据工作需要召开全体会议或者工作会议。研究涉及信访工作改革发展的重大问题和重要信访事项的处理意见，应当及时向党中央、国务院请示报告。
4. ABC，解析：根据《信访工作条例》第 13 条第 2 款规定，地方党委和政府应当根据信访工作形势任务，及时调整成员单位，健全规章制度，建立健全信访信息分析研判、重大信访问题协调处理、联合督查等工作机制，提升联席会议工作的科学化、制度化、规范化水平。

5. ABCD，解析：根据《信访工作条例》第15条第2款规定，各级机关、单位应当拓宽社会力量参与信访工作的制度化渠道，发挥群团组织、社会组织和“两代表一委员”、社会工作者等作用，反映群众意见和要求，引导群众依法理性反映诉求、维护权益，推动矛盾纠纷及时有效化解。

6. AC，解析：根据《信访工作条例》第16条第3款规定，各级机关、单位应当建立健全年轻干部和新录用干部到信访工作岗位锻炼制度。

(四) 填空题

1. 定期；重大；突出。(《信访工作条例》第9条)
2. 全体会议；工作会议。(《信访工作条例》第12条)
3. 党委和政府。(《信访工作条例》第13条)
4. 职责范围内；预防和化解；指导。(《信访工作条例》第15条)
5. 本级预算。(《信访工作条例》第16条)

(五) 简答题

1. 答：根据《信访工作条例》第8条规定，党中央加强对信访工作的统一领导：(1) 强化政治引领，确立信访工作的政治方向和政治原则，严明政治纪律和政治规矩；(2) 制定信访工作方针政策，研究部署信访工作中事关党和国家工作大局、社会和谐稳定、群众权益保障的重大改革措施；(3) 领导建设一支对党忠诚可靠、恪守为民之责、善做群众工作的高素质专业化信访工作队伍，为信访工作提供组织保证。

2. 答：根据《信访工作条例》第11条第1款规定，中央信访工作联席会议在党中央、国务院领导下，负责全国信访工作的统筹协调、整体推进、督促落实，履行下列职责：(1) 研究分析全国信访形势，为中央决策提供参考；（2）督促落实党中央关于信访工作的方针政策和决策部署；（3）研究信访制度改革和信访法治化建设重大问题和事项；（4）研究部署重点工作任务，协调指导解决具有普遍性的信访突出问题；（5）领导组织信访工作责任制落实、督导考核等工作；（6）指导地方各级信访工作联席会议工作；（7）承担党中央、国务院交办的其他事项。

3. 答：根据《信访工作条例》第 14 条第 1 款规定，各级党委和政府信访部门是开展信访工作的专门机构，履行下列职责：（1）受理、转送、交办信访事项；（2）协调解决重要信访问题；（3）督促检查重要信访事项的处理和落实；（4）综合反映信访信息，分析研判信访形势，为党委和政府提供决策参考；（5）指导本级其他机关、单位和下级的信访工作；（6）提出改进工作、完善政策和追究责任的建议；（7）承担本级党委和政府交办的其他事项。

第三章　信访事项的提出和受理

（一）判断题

1. 信访人提出信访事项，应当客观真实，对其所提供材料内容的法律性负责，不得捏造、歪曲事实，不得诬告、陷害他人。（　　）
2. 各级机关、单位应当落实属地责任，认真接待处理群众来访，把问题解决在当地，引导信访人就地反映问题。（　　）
3. 各级党委和政府应当加强信访工作信息化、智能化建设，依规依法有序推进信访信息系统互联互通、信息共享。（　　）
4. 对信访人直接提出的信访事项，有关机关、单位能够当场告知的，应当当场告知。（　　）
5. 涉及两个或者两个以上机关、单位的信访事项，由所涉及的机关、单位协商受理；受理有争议的，由其共同的上级机关、单位决定受理机关。（　　）
6. 各级机关、单位对可能造成社会影响的信访事项和信访信息，应当及时报告本级党委和政府，通报相关主管部门和本级信访工作联席会议办公室，在职责范围内依法及时采取措施，防止不良影响的产生、扩大。（　　）

（二）单项选择题

1. 市、县级党委和政府应当建立和完善联合接访工作机制，根据工作需要组织有关机关、单位联合接待，（　　）解决信访问题。

A. 一次性　　　　B. 一站式

C. 及时　　　　D. 即时

2. 信访事项已经受理或者正在办理的，信访人在规定期限内向受理、办理机关、单位的上级机关、单位又提出同一信访事项的，上级机关、单位（　　）受理。

A. 可以　　B. 不予

C. 应当　　D. 必须

3. 信访人采用（　　）形式提出涉及诉讼权利救济的信访事项，应当按照法律法规规定的程序向有关政法部门提出。

A. 信息网络　　B. 书信

C. 电话　　D. 走访

4. 多人采用走访形式提出共同的信访事项的，应当推选代表，代表人数不得超过（　　）人。

A. 2　　B. 3

C. 5　　D. 7

5. 对信访人直接提出的信访事项，有关机关、单位不能当场告知的，应当自收到信访事项之日起（　　）日内书面告知信访人，但信访人的姓名（名称）、住址不清的除外。

A. 5　　B. 10

C. 15　　D. 30

6. 对党委和政府信访部门或者本系统上级机关、单位转送、交办的信访事项，属于本机关、单位职权范围的，有关机关、单位应当自收到之日起（　　）日内书面告知信访人接收情况以及处理途径和程序；不属于本机关、单位或者本系统职权范围的，有关机关、单位应当自收到之日起（　　）个工作日内提出异议，并详细说明理由，经转送、交办的信访部门或者上级机关、单位核实同意后，交还相关材料。

A. 5；15　　B. 10；10

C. 15；5　　D. 30；30

7. 地方各级党委和政府信访部门接到(　　)信访事项和信访信息，应当向上一级信访部门报告，同时报告国家信访局。

A. 重大、紧急　　B. 特大、紧急

C. 十分重大、紧急　　D. 十分特大、紧急

(三) 多项选择题

1. 公民、法人或者其他组织可以采用(　　)、走访等形式，向各级机关、单位反映情况，提出建议、意见或者投诉请求，有关机关、单位应当依规依法处理。

A. 信息网络　　B. 书信

C. 电话　　D. 传真

2. 下列关于信访工作的说法正确的是：(　　)

A. 各级机关、单位应当向社会公布网络信访渠道、通信地址、咨询投诉电话、信访接待的时间和地点、查询信访事项处理进展以及结果的方式等相关事项

B. 各级机关、单位应当在其信访接待场所或者网站公布与信访工作有关的党内法规和法律、法规、规章，信访事项的处理程序

C. 各级机关、单位应当向社会公布为信访人提供便利的相关事项

D. 任何组织和个人不得打击报复信访人

3. 各级机关、单位领导干部应当(　　)，包案化解群众反映强烈的突出问题。

A. 阅办群众来信　　B. 阅办网上信访

C. 定期接待群众来访　　D. 定期下访

4. 下列关于党委和政府信访部门以外的其他机关、单位对信访事项的处理的说法正确的是：(　　)

A. 党委和政府信访部门以外的其他机关、单位收到信访人直接提出的信访事项，应当予以登记

B. 党委和政府信访部门以外的其他机关、单位收到信访人直接提出的信访事项，对属于本机关、单位职权范围的，应当告知信访人接收情况以及处理途径和程序

C. 党委和政府信访部门以外的其他机关、单位收到信访人直接提出的信访事项，对属于本系统下级机关、单位职权范围的，应当转送、交办有权处理的机关、单位，并告知信访人转送、交办去向

D. 党委和政府信访部门以外的其他机关、单位收到信访人直接提出的信访事项，对不属于本机关、单位或者本系统职权范围的，应当告知信访人向有权处理的机关、单位提出

5. 应当对信访事项作出处理的机关、单位(　　)的，由继续行使其职权的机关、单位受理；职责不清的，由本级党委和政府或者其指定的机关、单位受理。

A. 分立　　B. 合并

C. 撤销　　D. 破产

（四）填空题

1. 信访人一般应当采用____形式提出信访事项，并载明其姓名（名称）、住址和请求、事实、理由。对采用____形式提出的信访事项，有关机关、单位应当____记录。

2. 信访人采用____形式提出信访事项的，应当到有权处理的本级或者上一级机关、单位设立或者____的接待场所提出。

3. 各级机关、单位应当及时将信访事项录入信访信息系统，使网上信访、来信、来访、来电在____，方便信访人____信访事项办理

情况。

4. 政法部门处理涉及____事项、纪检监察机关处理____事项的告知按照有关规定执行。

5. 涉及两个或者两个以上机关、单位的信访事项，由所涉及的机关、单位协商受理；受理有争议且没有共同的上一级机关、单位的，由____协调处理。

(五) 简答题

1. 简述信访人的概念。
2. 简述各级党委和政府信访部门收到信访事项后的处理方式。
3. 简述信访人在信访过程中不得实施的行为。

参考答案

(一) 判断题

1. ×，解析：根据《信访工作条例》第 19 条第 2 款规定，信访人提出信访事项，应当客观真实，对其所提供材料内容的真实性负责，不得捏造、歪曲事实，不得诬告、陷害他人。
2. √，解析：根据《信访工作条例》第 20 条规定。
3. √，解析：根据《信访工作条例》第 21 条规定。
4. ×，解析：根据《信访工作条例》第 23 条第 2 款规定，对信访人直接提出的信访事项，有关机关、单位能够当场告知的，应当当场书面告知；不能当场告知的，应当自收到信访事项之日起 15 日内书面告知信访人，但信访人的姓名（名称）、住址不清的除外。
5. ×，解析：根据《信访工作条例》第 24 条第 1 款规定，涉及两个或者两个以上机关、单位的信访事项，由所涉及的机关、单位协商受理；受理有争议的，由其共同的上一级机关、单位决定受理机关；受理有争议且没有共同的上一级机关、单位的，由共同的信访工作联席会议协调处理。

6. ×，解析：根据《信访工作条例》第25条第1款规定，各级机关、单位对可能造成社会影响的重大、紧急信访事项和信访信息，应当及时报告本级党委和政府，通报相关主管部门和本级信访工作联席会议办公室，在职责范围内依法及时采取措施，防止不良影响的产生、扩大。

（二）单项选择题

1. B，解析：根据《信访工作条例》第18条第3款规定，市、县级党委和政府应当建立和完善联合接访工作机制，根据工作需要组织有关机关、单位联合接待，一站式解决信访问题。
2. B，解析：根据《信访工作条例》第19条第3款规定，信访事项已经受理或者正在办理的，信访人在规定期限内向受理、办理机关、单位的上级机关、单位又提出同一信访事项的，上级机关、单位不予受理。
3. D，解析：根据《信访工作条例》第20条第2款规定，信访人采用走访形式提出涉及诉讼权利救济的信访事项，应当按照法律法规规定的程序向有关政法部门提出。
4. C，解析：根据《信访工作条例》第20条第3款规定，多人采用走访形式提出共同的信访事项的，应当推选代表，代表人数不得超过5人。
5. C，解析：根据《信访工作条例》第23条第2款规定，对信访人直接提出的信访事项，有关机关、单位能够当场告知的，应当当场书面告知；不能当场告知的，应当自收到信访事项之日起15日内书面告知信访人，但信访人的姓名（名称）、住址不清的除外。
6. C，解析：根据《信访工作条例》第23条第3款规定，对党委和政府信访部门或者本系统上级机关、单位转送、交办的信访事项，属于本机关、单位职权范围的，有关机关、单位应当自收到之日起 15 日内书面告知信访人接收情况以及处理途径和程序；不属于本机关、单位或者本系统职权范围的，有关机关、单位应当自收到之日起 5 个工作日内提出异议，并详细说明理由，经转送、交办的信访部门或者上级机关、单位核实同意后，交还相关材料。

7. A，解析：根据《信访工作条例》第 25 条第 2 款规定，地方各级党委和政府信访部门接到重大、紧急信访事项和信访信息，应当向上一级信访部门报告，同时报告国家信访局。

（三）多项选择题

1. ABCD，解析：根据《信访工作条例》第 17 条第 1 款规定，公民、法人或者其他组织可以采用信息网络、书信、电话、传真、走访等形式，向各级机关、单位反映情况，提出建议、意见或者投诉请求，有关机关、单位应当依规依法处理。
2. ABCD，解析：根据《信访工作条例》第 18 条第 1 款规定，各级机关、单位应当向社会公布网络信访渠道、通信地址、咨询投诉电话、信访接待的时间和地点、查询信访事项处理进展以及结果的方式等相关事项，在其信访接待场所或者网站公布与信访工作有关的党内法规和法律、法规、规章，信访事项的处理程序，以及其他为信访人提供便利的相关事项。根据第 18 条第 4 款规定，任何组织和个人不得打击报复信访人。
3. ABCD，解析：根据《信访工作条例》第 18 条第 2 款规定，各级机关、单位领导干部应当阅办群众来信和网上信访、定期接待群众来访、定期下访，包案化解群众反映强烈的突出问题。
4. ABCD，解析：根据《信访工作条例》第 23 条第 1 款规定，党委和政府信访部门以外的其他机关、单位收到信访人直接提出的信访事项，应当予以登记；对属于本机关、单位职权范围的，应当告知信访人接收情况以及处理途径和程序；对属于本系统下级机关、单位职权范围的，应当转送、交办有权处理的机关、单位，并告知信访人转送、交办去向；对不属于本机关、单位或者本系统职权范围的，应当告知信访人向有权处理的机关、单位提出。

5. ABC，解析：根据《信访工作条例》第 24 条第 2 款规定，应当对信访事项作出处理的机关、单位分立、合并、撤销的，由继续行使其职权的机关、单位受理；职责不清的，由本级党委和政府或者其指定的机关、单位受理。

（四）填空题

1. 书面；口头；如实。(《信访工作条例》第 19 条)
2. 走访；指定。(《信访工作条例》第 20 条)
3. 网上流转；查询、评价。(《信访工作条例》第 21 条)
4. 诉讼权利救济；检举控告。(《信访工作条例》第 23 条)
5. 共同的信访工作联席会议。(《信访工作条例》第 24 条)

（五）简答题

1. 答：根据《信访工作条例》第 17 条规定，采用信息网络、书信、电话、传真、走访等形式，向各级机关、单位反映情况，提出建议、意见或者投诉请求的公民、法人或者其他组织，称信访人。
2. 答：根据《信访工作条例》第 22 条规定，各级党委和政府信访部门收到信访事项，应当予以登记，并区分情况，在 15 日内分别按照下列方式处理：(1) 对依照职责属于本级机关、单位或者其工作部门处理决定的，应当转送有权处理的机关、单位；情况重大、紧急的，应当及时提出建议，报请本级党委和政府决定。(2) 涉及下级机关、单位或者其工作人员的，按照“属地管理、分级负责，谁主管、谁负责”的原则，转送有权处理的机关、单位。(3) 对转送信访事项中的重要情况需要反馈办理结果的，可以交由有权处理的机关、单位办理，要求其在指定办理期限内反馈结果，提交办结报告。各级党委和政府信访部门对收到的涉法涉诉信件，应当转送同级政法部门依法处理；对走访反映涉诉问题的信访人，应当释法明理，引导其向有关政法部门反映问题。对属于纪检监察机关受理的检举控告类信访事项，应当按照管理权限转送有关纪检监察机关依规依纪依法处理。

3. 答：根据《信访工作条例》第 26 条规定，信访人在信访过程中应当遵守法律、法规，不得损害国家、社会、集体的利益和其他公民的合法权利，自觉维护社会公共秩序和信访秩序，不得有下列行为：(1) 在机关、单位办公场所周围、公共场所非法聚集，围堵、冲击机关、单位，拦截公务车辆，或者堵塞、阻断交通；(2) 携带危险物品、管制器具；(3) 侮辱、殴打、威胁机关、单位工作人员，非法限制他人人身自由，或者毁坏财物；(4) 在信访接待场所滞留、滋事，或者将生活不能自理的人弃留在信访接待场所；(5) 煽动、串联、胁迫、以财物诱使、幕后操纵他人信访，或者以信访为名借机敛财；(6) 其他扰乱公共秩序、妨害国家和公共安全的行为。

第四章 信访事项的办理

(一) 判断题

1. 各级机关、单位应当按照诉讼与信访分离制度要求，将涉及民事、行政、刑事等诉讼权利救济的信访事项从普通信访体制中分离出来，由有关政法部门依法处理。( )
2. 各级机关、单位工作人员与信访事项或者信访人有直接利害关系的，可以不回避。( )
3. 信访人反映的情况、提出的建议意见，对国民经济和社会发展或者对改进工作以及保护社会公共利益有贡献的，应当按照有关规定给予奖励。( )
4. 党委和政府信访部门应当按照干部管理权限向组织（人事）部门通报反映干部问题的信访情况，重大情况向党委主要负责同志和分管组织（人事）工作的负责同志报送。组织（人事）部门应当按照干部选拔任用监督的有关规定进行办理。( )
5. 各级机关、单位在处理申诉求决类事项过程中，可以在不违反政策法规强制性规定的情况下，在裁量权范围内，经争议双方当事人同意进行调解；但是不得引导争议双方当事人自愿和解。( )
6. 对《信访工作条例》第 31 条第 6 项规定的信访事项应当自受理之日起 60 日内办结；情况复杂的，经本机关、单位负责人批准，可以适当延长办理期限，但延长期限不得超过 30 日，并告知信访人延期理由。( )
7. 信访人对复查意见不服的，可以向原办理机关、单位的上一级机关、单位请求复核。( )

8. 信访人对复核意见不服，仍然以同一事实和理由提出投诉请求的，各级党委和政府信访部门和其他机关、单位可以受理。(　　)

(二) 单项选择题

1. 对信访人反映的情况、提出的建议意见类事项，有权处理的机关、单位应当认真研究论证。对科学合理、具有(　　)的，应当采纳或者部分采纳，并予以回复。

A. 普遍性　　B. 群体性
C. 紧迫性　　D. 现实可行性

2. 各级机关、单位在处理(　　)事项过程中，可以在不违反政策法规强制性规定的情况下，在裁量权范围内，经争议双方当事人同意进行调解。

A. 涉法涉诉类　　B. 申诉求决类
C. 提出意见类　　D. 反映情况类

3. 信访人对信访处理意见不服的，可以自收到书面答复之日起(　　)日内请求原办理机关、单位的上一级机关、单位复查。

A. 15　　B. 30
C. 60　　D. 90

4. 复核机关、单位可以按照《信访工作条例》第 31 条第 6 项的规定举行听证，经过听证的复核意见可以依法向社会(　　)。

A. 公示　　B. 公布
C. 公开　　D. 公告

(三) 多项选择题

1. 各级机关、单位及其工作人员应当根据各自职责和有关规定，按照(　　)的要求，依法按政策及时就地解决群众合法合理诉求，维护正常信访秩序。

A. 诉求合理的解决问题到位　　B. 诉求无理的思想教育到位

C. 生活困难的帮扶救助到位　　D. 行为违法的依法处理

2. 对信访人提出的检举控告类事项，纪检监察机关或者有权处理的机关、单位应当依规依纪依法(　　)。

A. 接收　　B. 受理

C. 办理　　D. 反馈

3. 各级机关、单位应当坚持社会矛盾纠纷多元预防调处化解，(　　)联动，综合运用法律、政策、经济、行政等手段和教育、协商、疏导等办法，多措并举化解矛盾纠纷。

A. 人民调解　　B. 行政调解

C. 司法调解　　D. 社会调解

4. 地方党委和政府以及基层党组织和基层单位对信访事项已经复查复核和涉法涉诉信访事项已经依法终结的相关信访人，应当做好(　　)等工作。

A. 法律援助　　B. 疏导教育

C. 矛盾化解　　D. 帮扶救助

(四) 填空题

1. 各级机关、单位及其工作人员办理信访事项，应当____，查明事实、分清责任，加强____，及时妥善处理，不得____。

2. 各级党委和政府应当健全人民建议____制度，对涉及____的重要工作，主动听取群众的建议意见。

3. 不得将信访人的检举、揭发材料以及有关情况____或者____被检举、揭发的人员或者单位。

4. 信访人对复查意见不服的，可以自收到____答复之日起____ 内向复查机关、单位的上一级机关、单位请求复核。收到复核请求的机关、单位应当自收到复核请求之日起____内提出复核意见。

5. 各级机关、单位在办理信访事项时，对生活确有____的信访人，可以告知或者帮助其向有关机关或者机构依法申请社会救助。符合国家司法救助条件的，有关____部门应当按照规定给予司法救助。

（五）简答题

1. 简述信访人提出的申诉求决类事项，有权处理的机关、单位的办理方式。
2. 简述信访处理意见书应当载明的内容。

参考答案

（一）判断题

1. √，解析：根据《信访工作条例》第 28 条规定。
2. ×，解析：根据《信访工作条例》第 28 条第 3 款规定，各级机关、单位工作人员与信访事项或者信访人有直接利害关系的，应当回避。
3. √，解析：根据《信访工作条例》第 29 条规定。
4. √，解析：根据《信访工作条例》第 30 条规定。
5. ×，解析：根据《信访工作条例》第 33 条规定，各级机关、单位在处理申诉求决类事项过程中，可以在不违反政策法规强制性规定的情况下，在裁量权范围内，经争议双方当事人同意进行调解；可以引导争议双方当事人自愿和解。经调解、和解达成一致意见的，应当制作调解协议书或者和解协议书。
6. √，解析：根据《信访工作条例》第 34 条规定。
7. ×，解析：根据《信访工作条例》第 36 条第 1 款规定，信访人对复查意见不服的，可以自收到书面答复之日起30日内向复查机关、单位的上一级机关、单位请求复核。收到复核请求的机关、单位应当自收到复核请求之日起30日内提出复核意见。

8. ×，解析：根据《信访工作条例》第36条第3款规定，信访人对复核意见不服，仍然以同一事实和理由提出投诉请求的，各级党委和政府信访部门和其他机关、单位不再受理。

（二）单项选择题

1. D，解析：根据《信访工作条例》第29条第1款规定，对信访人反映的情况、提出的建议意见类事项，有权处理的机关、单位应当认真研究论证。对科学合理、具有现实可行性的，应当采纳或者部分采纳，并予以回复。
2. B，解析：根据《信访工作条例》第33条规定，各级机关、单位在处理申诉求决类事项过程中，可以在不违反政策法规强制性规定的情况下，在裁量权范围内，经争议双方当事人同意进行调解；可以引导争议双方当事人自愿和解。经调解、和解达成一致意见的，应当制作调解协议书或者和解协议书。
3. B，解析：根据《信访工作条例》第35条规定，信访人对信访处理意见不服的，可以自收到书面答复之日起30日内请求原办理机关、单位的上一级机关、单位复查。收到复查请求的机关、单位应当自收到复查请求之日起30日内提出复查意见，并予以书面答复。
4. A，解析：根据《信访工作条例》第36条第2款规定，复核机关、单位可以按照本条例第31条第6项的规定举行听证，经过听证的复核意见可以依法向社会公示。听证所需时间不计算在前款规定的期限内。

（三）多项选择题

1. ABCD，解析：根据《信访工作条例》第27条规定，各级机关、单位及其工作人员应当根据各自职责和有关规定，按照诉求合理的解决问题到位、诉求无理的思想教育到位、生活困难的帮扶救助到位、行为违法的依法处理的要求，依法按政策及时就地解决群众合法合理诉求，维护正常信访秩序。

2. ABCD，解析：根据《信访工作条例》第30条第1款规定，对信访人提出的检举控告类事项，纪检监察机关或者有权处理的机关、单位应当依规依纪依法接收、受理、办理和反馈。

3. ABC，解析：根据《信访工作条例》第37条第1款规定，各级机关、单位应当坚持社会矛盾纠纷多元预防调处化解，人民调解、行政调解、司法调解联动，综合运用法律、政策、经济、行政等手段和教育、协商、疏导等办法，多措并举化解矛盾纠纷。

4. BCD，解析：根据《信访工作条例》第37条第3款规定，地方党委和政府以及基层党组织和基层单位对信访事项已经复查复核和涉法涉诉信访事项已经依法终结的相关信访人，应当做好疏导教育、矛盾化解、帮扶救助等工作。

（四）填空题

1. 恪尽职守、秉公办事；教育疏导；推诿、敷衍、拖延。（《信访工作条例》第28条）

2. 征集；国计民生。（《信访工作条例》第29条）

3. 透露；转给。（《信访工作条例》第30条）

4. 书面；30日；30日。（《信访工作条例》第36条）

5. 困难；政法。（《信访工作条例》第37条）

（五）简答题

1. 答：根据《信访工作条例》第31条规定，对信访人提出的申诉求决类事项，有权处理的机关、单位应当区分情况，分别按照下列方式办理：（1）应当通过审判机关诉讼程序或者复议程序、检察机关刑事立案程序或者法律监督程序、公安机关法律程序处理的，涉法涉诉信访事项未依法终结的，按照法律法规规定的程序处理。（2）应当通过仲裁解决的，导入相应程序处理。(3) 可以通过党员申诉、申请复审等解决的，导入相应程序处理。(4) 可以通过行政复议、行政裁决、行政确认、行政许可、行政处罚等行政程序解决的，导入相应程序处理。(5) 属于申请查处违法行为、履行保护人身权或者财产权等合法权益职责的，依法履行或者答复。(6) 不属于以上情形的，应当听取信访人陈述事实和理由，并调查核实，出具信访处理意见书。对重大、复杂、疑难的信访事项，可以举行听证。

2. 答：根据《信访工作条例》第 32 条规定，信访处理意见书应当载明信访人投诉请求、事实和理由、处理意见及其法律法规依据：(1) 请求事实清楚，符合法律、法规、规章或者其他有关规定的，予以支持；(2) 请求事由合理但缺乏法律依据的，应当作出解释说明；(3) 请求缺乏事实根据或者不符合法律、法规、规章或者其他有关规定的，不予支持。有权处理的机关、单位作出支持信访请求意见的，应当督促有关机关、单位执行；不予支持的，应当做好信访人的疏导教育工作。

第五章 监督和追责

（一）判断题

1. 信访工作联席会议及其办公室、党委和政府信访部门应当根据工作需要开展督查，就发现的问题向有关地方和部门进行反馈，重要问题向本级党委和政府报告。（　　）
2. 各级党委和政府应当以依规依法及时就地解决信访问题为导向，每年对信访工作情况进行考核。考核结果应当向全社会通报，并作为对领导班子和有关领导干部综合考核评价的重要参考。（　　）
3. 对信访工作中发现的有关政策性问题，应当及时向本级党委和政府报告，并提出完善政策的建议。（　　）
4. 党委和政府信访部门应当编制信访情况季度报告，每季度向本级党委和政府、上级党委和政府信访部门报告。（　　）
5. 各级党委和政府信访部门对收到的信访事项应当登记、转送、交办而未按照规定登记、转送、交办，或者应当履行督办职责而未履行的，由其上一级机关责令改正；造成特别严重后果的，对直接负责的主管人员和其他直接责任人员依规依纪依法严肃处理。（　　）
6. 负有受理信访事项职责的机关、单位未在规定期限内书面告知信访人是否受理信访事项的，由其上级机关、单位责令改正；造成严重后果的，对直接负责的主管人员和其他直接责任人员依规依纪依法严肃处理。（　　）
7. 有关机关、单位及其领导干部、工作人员对待信访人态度恶劣、作风粗暴，损害党群干群关系的，由其上级机关、单位责令改正；

造成严重后果的，对直接负责的主管人员和其他直接责任人员依规依纪依法严肃处理；构成犯罪的，依法追究刑事责任。(　　)

8. 信访人捏造歪曲事实、诬告陷害他人，构成违反治安管理行为的，依法给予治安管理处罚；构成犯罪的，依法追究刑事责任。(　　)

(二) 单项选择题

1. 各级党委和政府应当对开展信访工作、落实信访工作责任的情况组织专项(　　)。

A. 监督　　B. 检查

C. 督查　　D. 核实

2. 根据巡视巡察工作需要，党委和政府信访部门应当向巡视巡察机构提供被巡视巡察地区、单位领导班子及其成员和下一级主要负责人有关信访举报，落实信访工作责任制，具有(　　)的重要信访问题，需要巡视巡察工作关注的重要信访事项等情况。

A. 苗头性、倾向性、潜在性　　B. 苗头性、潜在性

C. 苗头性、倾向性　　D. 潜在性、倾向性

3. 多人采用走访形式提出共同的信访事项，推选代表人数为 8 人的，有关机关、单位工作人员应当对其进行(　　)。

A. 劝阻、批评或者教育　　B. 劝阻、批评和教育

C. 劝阻、批评或者处罚　　D. 劝阻、批评和处罚

(三) 多项选择题

1. 对在信访工作中(　　)的领导班子和领导干部，视情节轻重，由信访工作联席会议进行约谈、通报、挂牌督办，责令限期整改。

A. 执行不力　　B. 履职不力

C. 存在严重问题　　　　　　D. 存在重大问题

2. 党委和政府信访部门发现有关机关、单位存在违反信访工作规定受理、办理信访事项，办理信访事项(　　)或者拒不执行信访处理意见等情形的，应当及时督办，并提出改进工作的建议。

A. 推诿　　　　　　B. 敷衍

C. 拖延　　　　　　D. 弄虚作假

3. 对信访部门提出的(　　)的建议，有关机关、单位应当书面反馈采纳情况。

A. 改进工作　　　　　　B. 加强管理

C. 完善政策　　　　　　D. 追究责任

4. 对信访事项有权处理的机关、单位(　　)的，由其上级机关、单位责令改正；造成严重后果的，对直接负责的主管人员和其他直接责任人员依规依纪依法严肃处理。

A. 推诿、敷衍、拖延信访事项办理或者未在规定期限内办结信访事项

B. 对事实清楚，符合法律、法规、规章或者其他有关规定的投诉请求未予支持

C. 对党委和政府信访部门提出的改进工作、完善政策等建议重视不够、落实不力，导致问题长期得不到解决

D. 不履行或者不正确履行信访事项处理职责

5. 有关机关、单位及其领导干部、工作人员(　　)的，由其上级机关、单位责令改正；造成严重后果的，对直接负责的主管人员和其他直接责任人员依规依纪依法严肃处理；构成犯罪的，依法追究刑事责任。

A. 在处理信访事项过程中吃拿卡要、谋取私利

B. 对待信访人态度恶劣、作风粗暴，损害党群干群关系

C. 对可能造成社会影响的重大、紧急信访事项和信访信息隐瞒、谎报、缓报，或者未依法及时采取必要措施

D. 打击报复信访人

（四）填空题

1. 各级党委和政府督查部门应当将____信访问题列入督查范围。
2. 对在信访工作中作出____的机关、单位或者个人，可以按照有关规定给予表彰和奖励。
3. 对在信访工作中____、____、____、____造成严重后果的机关、单位及其工作人员，应当向有管理权限的机关、单位提出追究责任的建议。
4. 各级党委和政府信访部门对收到的信访事项应当登记、转送、交办而未按照规定登记、转送、交办，或者应当履行督办职责而未履行的，由其上级机关____；造成____后果的，对直接负责的主管人员和其他直接责任人员依规依纪依法严肃处理。
5. 负有受理信访事项职责的机关、单位对收到的信访事项不按照规定____的，由其____机关、单位责令改正；造成____后果的，对直接负责的主管人员和其他直接责任人员依规依纪依法严肃处理。

（五）简答题

1. 简述信访情况年度报告应当包括的内容。
2. 简述导致信访事项发生，造成严重后果的，对直接负责的主管人员和其他直接责任人员，依规依纪依法严肃处理的情形。

参考答案

（一）判断题

1. √，解析：根据《信访工作条例》第 38 条规定。
2. ×，解析：根据《信访工作条例》第 39 条第 1 款规定，各级党委和政府应当以依规依法及时就地解决信访问题为导向，每年对信访工作情况进行考核。考核结果应当在适当范围内通报，并作为对领导班子和有关领导干部综合考核评价的重要参考。
3. √，解析：根据《信访工作条例》第 40 条规定。
4. ×，解析：根据《信访工作条例》第 41 条第 1 款规定，党委和政府信访部门应当编制信访情况年度报告，每年向本级党委和政府、上一级党委和政府信访部门报告。
5. ×，解析：根据《信访工作条例》第 43 条规定，各级党委和政府信访部门对收到的信访事项应当登记、转送、交办而未按照规定登记、转送、交办，或者应当履行督办职责而未履行的，由其上级机关责令改正；造成严重后果的，对直接负责的主管人员和其他直接责任人员依规依纪依法严肃处理。
6. √，解析：根据《信访工作条例》第 44 条规定。
7. √，解析：根据《信访工作条例》第 46 条规定。
8. √，解析：根据《信访工作条例》第 47 条规定。

（二）单项选择题

1. C，解析：根据《信访工作条例》第 38 条第 1 款规定，各级党委和政府应当对开展信访工作、落实信访工作责任的情况组织专项督查。
2. C，解析：根据《信访工作条例》第 41 条第 2 款规定，根据巡视巡察工作需要，党委和政府信访部门应当向巡视巡察机构提供被巡视巡察地区、单位领导班子及其成员和下一级主要负责人有关信访举报，落实信访工作责任制，具有苗头性、倾向性的重要信访问题，需要巡视巡察工作关注的重要信访事项等情况。

3. A，解析：根据《信访工作条例》第 47 条第 1 款规定，信访人违反本条例第 20 条、第 26 条规定的，有关机关、单位工作人员应当对其进行劝阻、批评或者教育。根据第 20 条第 3 款规定，多人采用走访形式提出共同的信访事项的，应当推选代表，代表人数不得超过 5 人。

（三）多项选择题

1. BC，解析：根据《信访工作条例》第 39 条第 3 款规定，对在信访工作中履职不力、存在严重问题的领导班子和领导干部，视情节轻重，由信访工作联席会议进行约谈、通报、挂牌督办，责令限期整改。
2. ABCD，解析：根据《信访工作条例》第 40 条第 1 款规定，党委和政府信访部门发现有关机关、单位存在违反信访工作规定受理、办理信访事项，办理信访事项推诿、敷衍、拖延、弄虚作假或者拒不执行信访处理意见等情形的，应当及时督办，并提出改进工作的建议。
3. ACD，解析：根据《信访工作条例》第 40 条第 4 款规定，对信访部门提出的改进工作、完善政策、追究责任的建议，有关机关、单位应当书面反馈采纳情况。
4. ABCD，解析：根据《信访工作条例》第 45 条规定，对信访事项有权处理的机关、单位有下列情形之一的，由其上级机关、单位责令改正；造成严重后果的，对直接负责的主管人员和其他直接责任人员依规依纪依法严肃处理：（1）推诿、敷衍、拖延信访事项办理或者未在规定期限内办结信访事项；（2）对事实清楚，符合法律、法规、规章或者其他有关规定的投诉请求未予支持；（3）对党委和政府信访部门提出的改进工作、完善政策等建议重视不够、落实不力，导致问题长期得不到解决；（4）其他不履行或者不正确履行信访事项处理职责的情形。

5. ABCD，解析：根据《信访工作条例》第 46 条规定，有关机关、单位及其领导干部、工作人员有下列情形之一的，由其上级机关、单位责令改正；造成严重后果的，对直接负责的主管人员和其他直接责任人员依规依纪依法严肃处理；构成犯罪的，依法追究刑事责任：（1）对待信访人态度恶劣、作风粗暴，损害党群干群关系；（2）在处理信访事项过程中吃拿卡要、谋取私利；（3）对规模性集体访、负面舆情等处置不力，导致事态扩大；（4）对可能造成社会影响的重大、紧急信访事项和信访信息隐瞒、谎报、缓报，或者未依法及时采取必要措施；（5）将信访人的检举、揭发材料或者有关情况透露、转给被检举、揭发的人员或者单位；（6）打击报复信访人；（7）其他违规违纪违法的情形。

（四）填空题

1. 疑难复杂。(《信访工作条例》第 38 条)
2. 突出成绩和贡献。(《信访工作条例》第 39 条)
3. 推诿；敷衍；拖延；弄虚作假。(《信访工作条例》第 40 条)
4. 责令改正；严重。(《信访工作条例》第 43 条)
5. 登记；上级；严重。(《信访工作条例》第 44 条)

（五）简答题

1. 答：根据《信访工作条例》第 41 条第 1 款规定，党委和政府信访部门应当编制信访情况年度报告，每年向本级党委和政府、上一级党委和政府信访部门报告。年度报告应当包括下列内容：（1）信访事项的数据统计、信访事项涉及领域以及被投诉较多的机关、单位；（2）党委和政府信访部门转送、交办、督办情况；（3）党委和政府信访部门提出改进工作、完善政策、追究责任建议以及被采纳情况；（4）其他应当报告的事项。

2. 答：根据《信访工作条例》第 42 条规定，因下列情形之一导致信访事项发生，造成严重后果的，对直接负责的主管人员和其他直接责任人员，依规依纪依法严肃处理；构成犯罪的，依法追究刑事责任：（1）超越或者滥用职权，侵害公民、法人或者其他组织合法权益；（2）应当作为而不作为，侵害公民、法人或者其他组织合法权益；（3）适用法律、法规错误或者违反法定程序，侵害公民、法人或者其他组织合法权益；（4）拒不执行有权处理机关、单位作出的支持信访请求意见。

第六章　附　　则

（一）单项选择题

《信访工作条例》由(　　)负责解释。

A. 司法部　　B. 国家信访局

C. 中央宣传部　　D. 全国人大常委会

（二）多项选择题

对(　　)信访事项的处理，参照《信访工作条例》执行。

A. 外国人　　B. 无国籍人

C. 外国组织　　D. 国际组织

（三）填空题

《信访工作条例》自____起施行。

参考答案

（一）单项选择题

B，解析：根据《信访工作条例》第 49 条规定，本条例由国家信访局负责解释。

（二）多项选择题

ABC，解析：根据《信访工作条例》第 48 条规定，对外国人、无国籍人、外国组织信访事项的处理，参照本条例执行。

（三）填空题

2022 年 5 月 1 日。(《信访工作条例》第 50 条)

二、宪　法

（一）判断题

1. 中华人民共和国的权力掌握在人民手中，人民是国家的主人。（　　）
2. 中华人民共和国成立后，经济建设取得了重大的成就，独立的、比较完整的社会主义工业体系已经基本形成，农业生产显著提高。（　　）
3. 中华人民共和国是工人阶级领导的、以工农联盟为基础的人民民主专政的社会主义国家。（　　）
4. 人民通过各种途径和形式，管理国家事务，管理经济和文化事业，管理社会事务。（　　）
5. 中华人民共和国的社会主义经济制度的基础是生产资料的社会主义公有制，即全民所有制。（　　）
6. 国家不得对公民的私有财产实行征收或者征用。（　　）
7. 国家发展各种教育设施，扫除文盲，对工人、农民、国家工作人员和其他劳动者进行政治、文化、科学、技术、业务的教育，鼓励自学成才。（　　）
8. 在中国境内的外国人必须遵守中华人民共和国的法律。（　　）
9. 我国的国家权力机关是全国人民代表大会。（　　）
10. 全国人大有权罢免国家主席、国务院总理、中央军委主席、最高人民法院院长和最高人民检察院检察长。（　　）
11. 全国人大常委会在一定情况下有权决定战争状态的宣布。（　　）

12. 国务院由总理、副总理、国务委员、秘书长组成。(　　)

13. 地方各级人民代表大会是地方国家权力机关，乡、民族乡、镇设立人民代表大会。(　　)

14. 自治区、自治州、自治县的自治条例和单行条例须报全国人大常委会备案。(　　)

15. 人民检察院是国家法律监督机关。(　　)

(二) 单项选择题

1. 中华人民共和国成立以后，我国社会逐步实现了由(　　)到社会主义的过渡。

A. 旧民主主义　　B. 民主主义

C. 新民主主义　　D. 资本主义

2. 在我国，阶级斗争(　　)。

A. 还广泛存在

B. 还将短期存在

C. 不复存在

D. 还将在一定范围内长期存在

3. (　　)是中国特色社会主义最本质的特征。

A. 中国共产党领导　　B. 党的政治建设

C. 党的思想建设　　D. 改革开放

4. 中华人民共和国的国家机构实行(　　)的原则。

A. 集体负责制　　B. 民主集中制

C. 少数服从多数　　D. 领导负责制

5. 农村和城市郊区的土地，除由法律规定属于国家所有的以外，属于(　　)所有。

A. 集体　　B. 国家

C. 个人　　　　D. 政府

6. 国家通过普及理想教育、道德教育、文化教育、纪律和法制教育，通过在城乡不同范围的群众中制定和执行各种守则、公约，加强(　　)的建设。

A. 社会主义新农村　　　　B. 社会主义经济

C. 社会主义精神文明　　　　D. 守法理念

7. 有权决定特赦的国家机关是(　　)。

A. 国家主席

B. 全国人民代表大会常务委员会

C. 国务院

D. 最高人民法院

8. 中华人民共和国主席、副主席都缺位的时候，由全国人民代表大会补选；在补选以前，应由(　　)暂时代理主席职位。

A. 最高人民法院院长

B. 中央军事委员会主席

C. 国务院总理

D. 全国人民代表大会常务委员会委员长

9. 不属于民族自治地方的自治机关的是(　　)。

A. 内蒙古自治区人民代表大会

B. 湖南省湘西土家族苗族自治州人民政府

C. 四川省北川羌族自治县人民法院

D. 海南省白沙黎族自治县人民政府

10. 各民族公民都有用(　　)语言文字进行诉讼的权利。

A. 当地通用的　　　　B. 本民族

C. 其他民族　　　　D. 自己通晓的

(三) 多项选择题

1. 中国人民和中国人民解放军战胜了(　　)的侵略、破坏和武装挑衅，维护了国家的独立和安全，增强了国防。

A. 帝国主义　　B. 霸权主义

C. 资本主义　　D. 封建主义

2. 社会主义的建设事业必须依靠(　　)，团结一切可以团结的力量。

A. 手工业者　　B. 工人

C. 农民　　D. 知识分子

3. 国家(　　)都由人民代表大会产生，对它负责，受它监督。

A. 行政机关　　B. 监察机关

C. 审判机关　　D. 检察机关

4. 国家保障各少数民族的合法的权利和利益，维护和发展各民族的(　　)关系。禁止对任何民族的歧视和压迫，禁止破坏民族团结和制造民族分裂的行为。

A. 平等　　B. 团结

C. 互助　　D. 和谐

5. 下列哪些选项属于社会主义劳动群众集体所有制经济？(　　)

A. 农村中的各种形式的合作经济

B. 城镇中的各种形式的手工业合作经济

C. 城镇中的各种形式的商业合作经济

D. 城镇中的各种形式的服务业合作经济

6. 下列选项中，属于中华人民共和国武装力量的任务的是：(　　)

A. 巩固国防　　B. 维护社会治安

C. 参加国家建设事业　　D. 抵抗侵略

7. 我国行使宪法监督职权的机关是：(　　)

A. 全国人民代表大会　　B. 全国人大常委会

C. 最高人民法院　　D. 最高人民检察院

8. 全国人大常委会的组成人员不得兼任：(　　)

A. 国家行政机关的职务

B. 民主党派的领导职务

C. 国家审判机关的职务

D. 国家检察机关的职务

9. 下列选项中，由国家主席予以公布的是：(　　)

A. 全国人民代表大会制定的法律

B. 省级人民代表大会制定的法规

C. 国务院制定的法规

D. 全国人民代表大会常务委员会制定的法律

10. 在全国人大闭会期间，根据总理提名，全国人大常委会可以决定(　　)的任免。

A. 审计长　　B. 秘书长

C. 国务委员　　D. 副总理

(四) 填空题

1. 中国人民和____战胜了帝国主义、霸权主义的侵略、破坏和武装挑衅，维护了国家的独立和安全，增强了国防。

2. 我国将长期处于____阶段。

3. 台湾是中华人民共和国的神圣领土的一部分。完成____的大业是包括台湾同胞在内的全中国人民的神圣职责。

4. 人民行使____的机关是全国人民代表大会和地方各级人民代表大会。

5. 中华人民共和国实行____，建设社会主义法治国家。
6. 国有经济，即____经济，是____中的主导力量。国家保障国有经济的巩固和发展。
7. 城市的土地属于____所有。
8. 国家建立健全同____水平相适应的社会保障制度。
9. 一切国家机关实行____的原则，实行工作责任制，实行工作人员的培训和考核制度，不断提高工作质量和工作效率，反对____。
10. 全国人民代表大会每届任期____年。
11. 全国人民代表大会常务委员会由下列人员组成：____，副委员长若干人，____，委员若干人。
12. 全国人民代表大会和全国人民代表大会常务委员会认为必要的时候，可以组织关于特定问题的____。
13. 审计机关在国务院____领导下，依照法律规定独立行使____权，不受其他行政机关、社会团体和个人的干涉。
14. 县级以上的地方各级人民代表大会常务委员会由____、副主任若干人和____若干人组成，对____人民代表大会负责并报告工作。
15. 自治区主席、自治州州长、自治县县长由实行____的民族的____担任。
16. 人民法院审理案件，除法律规定的特别情况外，一律____进行。被告人有权获得____。
17. 中华人民共和国国旗是____。
18. 中华人民共和国国歌是____。
19. 中华人民共和国国徽，中间是____照耀下的____，周围是____和____。
20. 中华人民共和国首都是____。

（五）简答题

1. 简述国家的根本任务。
2. 简述我国的外交政策。
3. 简述国务院的职权。

参考答案

（一）判断题

1. √，解析：根据《宪法》序言第 5 自然段规定。
2. √，解析：根据《宪法》序言第 6 自然段规定。
3. √，解析：根据《宪法》第 1 条第 1 款规定。
4. ×，解析：根据《宪法》第 2 条第 3 款规定，人民依照法律规定，通过各种途径和形式，管理国家事务，管理经济和文化事业，管理社会事务。题中的表述少了“依照法律规定”，因此是错误的。
5. ×，解析：根据《宪法》第 6 条第 1 款规定，中华人民共和国的社会主义经济制度的基础是生产资料的社会主义公有制，即全民所有制和劳动群众集体所有制。
6. ×，解析：根据《宪法》第 13 条第 3 款规定，国家为了公共利益的需要，可以依照法律规定对公民的私有财产实行征收或者征用并给予补偿。
7. √，解析：根据《宪法》第 19 条第 3 款规定。
8. √，解析：根据《宪法》第 32 条规定。
9. ×，解析：根据《宪法》第 57 条规定，中华人民共和国全国人民代表大会是最高国家权力机关。它的常设机关是全国人民代表大会常务委员会。
10. √，解析：根据《宪法》第 63 条规定。
11. √，解析：根据《宪法》第 67 条规定。

12. ×，解析：根据《宪法》第 86 条规定，还包括各部部长、各委员会主任。

13. √，解析：根据《宪法》第 95 条规定。

14. ×，解析：根据《宪法》第 116 条规定，自治区的自治条例和单行条例，报全国人大常委会批准后生效。自治州、自治县的自治条例和单行条例，报省或者自治区的人大常委会批准后生效，并报全国人大常委会备案。

15. √，解析：根据《宪法》第 134 条规定。

（二）单项选择题

1. C，解析：根据《宪法》序言第 6 自然段规定，中华人民共和国成立以后，我国社会逐步实现了由新民主主义到社会主义的过渡。

2. D，解析：根据《宪法》序言第 8 自然段规定，在我国，剥削阶级作为阶级已经消灭，但是阶级斗争还将在一定范围内长期存在。

3. A，解析：根据《宪法》第 1 条第 2 款规定，社会主义制度是中华人民共和国的根本制度。中国共产党领导是中国特色社会主义最本质的特征。禁止任何组织或者个人破坏社会主义制度。

4. B，解析：根据《宪法》第 3 条第 1 款规定，中华人民共和国的国家机构实行民主集中制的原则。

5. A，解析：根据《宪法》第 10 条第 2 款规定，农村和城市郊区的土地，除由法律规定属于国家所有的以外，属于集体所有；宅基地和自留地、自留山，也属于集体所有。

6. C，解析：根据《宪法》第 24 条第 1 款规定，国家通过普及理想教育、道德教育、文化教育、纪律和法制教育，通过在城乡不同范围的群众中制定和执行各种守则、公约，加强社会主义精神文明的建设。

7. B，解析：根据《宪法》第 67 条第 18 项规定，全国人民代表大会常务委员会行使下列职权：（18）决定特赦。

8. D，解析：根据《宪法》第84条第3款规定，中华人民共和国主席、副主席都缺位的时候，由全国人民代表大会补选；在补选以前，由全国人民代表大会常务委员会委员长暂时代理主席职位。
9. C，解析：根据《宪法》第112条规定，民族自治地方的自治机关是自治区、自治州、自治县的人民代表大会和人民政府。因此排除C选项。
10. B，解析：根据《宪法》第139条规定，各民族公民都有用本民族语言文字进行诉讼的权利。人民法院和人民检察院对于不通晓当地通用的语言文字的诉讼参与人，应当为他们翻译。在少数民族聚居或者多民族共同居住的地区，应当用当地通用的语言进行审理；起诉书、判决书、布告和其他文书应当根据实际需要使用当地通用的一种或者几种文字。

（三）多项选择题

1. AB，解析：根据《宪法》序言第6自然段规定，中国人民和中国人民解放军战胜了帝国主义、霸权主义的侵略、破坏和武装挑衅，维护了国家的独立和安全，增强了国防。经济建设取得了重大的成就，独立的、比较完整的社会主义工业体系已经基本形成，农业生产显著提高。
2. BCD，解析：根据《宪法》序言第10自然段规定，社会主义的建设事业必须依靠工人、农民和知识分子，团结一切可以团结的力量。
3. ABCD，解析：根据《宪法》第3条第3款规定，国家行政机关、监察机关、审判机关、检察机关都由人民代表大会产生，对它负责，受它监督。
4. ABCD，解析：根据《宪法》第4条第1款规定，国家保障各少数民族的合法的权利和利益，维护和发展各民族的平等团结互助和谐关系。禁止对任何民族的歧视和压迫，禁止破坏民族团结和制造民族分裂的行为。

5. ABCD，解析：根据《宪法》第8条规定，农村集体经济组织实行家庭承包经营为基础、统分结合的双层经营体制。农村中的生产、供销、信用、消费等各种形式的合作经济，是社会主义劳动群众集体所有制经济。参加农村集体经济组织的劳动者，有权在法律规定的范围内经营自留地、自留山、家庭副业和饲养自留畜。城镇中的手工业、工业、建筑业、运输业、商业、服务业等行业的各种形式的合作经济，都是社会主义劳动群众集体所有制经济。
6. ACD，解析：根据《宪法》第29条规定，中华人民共和国的武装力量属于人民。它的任务是巩固国防，抵抗侵略，保卫祖国，保卫人民的和平劳动，参加国家建设事业，努力为人民服务。国家加强武装力量的革命化、现代化、正规化的建设，增强国防力量。因此，B选项错误，ACD正确。
7. AB，解析：《宪法》第62条、第67条分别规定了全国人大、全国人大常委会的监督宪法实施的权力。
8. ACD，解析：根据《宪法》第65条第4款规定，全国人民代表大会常务委员会的组成人员不得担任国家行政机关、监察机关、审判机关和检察机关的职务。
9. AD，解析：根据《宪法》第80条规定，中华人民共和国主席根据全国人民代表大会的决定和全国人民代表大会常务委员会的决定，公布法律，任免国务院总理、副总理、国务委员、各部部长、各委员会主任、审计长、秘书长，授予国家的勋章和荣誉称号，发布特赦令，宣布进入紧急状态，宣布战争状态，发布动员令。
10. AB，解析：根据《宪法》第67条规定，全国人大常委会有权“在全国人民代表大会闭会期间，根据国务院总理的提名，决定部长、委员会主任、审计长、秘书长的人选”。

（四）填空题

1. 中国人民解放军。（《宪法》序言）

2. 社会主义初级。(《宪法》序言)
3. 统一祖国。(《宪法》序言)
4. 国家权力。(《宪法》第 2 条)
5. 依法治国。(《宪法》第 5 条)
6. 社会主义全民所有制；国民经济。(《宪法》第 7 条)
7. 国家。(《宪法》第 10 条)
8. 经济发展。(《宪法》第 14 条)
9. 精简；官僚主义。(《宪法》第 27 条)
10. 5。(《宪法》第 60 条)
11. 委员长；秘书长。(《宪法》第 65 条)
12. 调查委员会。(《宪法》第 71 条)
13. 总理；审计监督。(《宪法》第 91 条)
14. 主任；委员；本级。(《宪法》第 103 条)
15. 区域自治；公民。(《宪法》第 114 条)
16. 公开；辩护。(《宪法》第 130 条)
17. 五星红旗。(《宪法》第 141 条)
18. 《义勇军进行曲》。(《宪法》第 141 条)
19. 五星；天安门；谷穗；齿轮。(《宪法》第 142 条)
20. 北京。(《宪法》第 143 条)

(五) 简答题

1. 答：根据《宪法》序言第 7 自然段规定，国家的根本任务是，沿着中国特色社会主义道路，集中力量进行社会主义现代化建设。中国各族人民将继续在中国共产党领导下，在马克思列宁主义、毛泽东思想、邓小平理论、“三个代表”重要思想、科学发展观、习近平新时代中国特色社会主义思想指引下，坚持人民民主专政，坚持社会主义道路，坚持改革开放，不断完善社会主义的各项制度，发展社会主义市场经济，发展社会主义民主，健全社会主义法治，贯彻新发展理念，自力更生，艰苦奋斗，逐步实现工业、农业、国防和科学技术的现代化，推动物质文明、政治文明、精神文明、社会文明、生态文明协调发展，把我国建设成为富强民主文明和谐美丽的社会主义现代化强国，实现中华民族伟大复兴。

2. 答：根据《宪法》序言第12自然段规定，中国坚持独立自主的对外政策，坚持互相尊重主权和领土完整、互不侵犯、互不干涉内政、平等互利、和平共处的五项原则，坚持和平发展道路，坚持互利共赢开放战略，发展同各国的外交关系和经济、文化交流，推动构建人类命运共同体；坚持反对帝国主义、霸权主义、殖民主义，加强同世界各国人民的团结，支持被压迫民族和发展中国家争取和维护民族独立、发展民族经济的正义斗争，为维护世界和平和促进人类进步事业而努力。

3. 答：根据《宪法》第89条规定，国务院行使下列职权：（1）根据宪法和法律，规定行政措施，制定行政法规，发布决定和命令；（2）向全国人民代表大会或者全国人民代表大会常务委员会提出议案；（3）规定各部和各委员会的任务和职责，统一领导各部和各委员会的工作，并且领导不属于各部和各委员会的全国性的行政工作；（4）统一领导全国地方各级国家行政机关的工作，规定中央和省、自治区、直辖市的国家行政机关的职权的具体划分；（5）编制和执行国民经济和社会发展计划和国家预算；（6）领导和管理经济工作和城乡建设、生态文明建设；（7）领导和管理教育、科学、文化、卫生、体育和计划生育工作；（8）领导和管理民政、公安、司法行政等工作；（9）管理对外事务，同外国缔结条约和协定；（10）领导和管理国防建设事业；（11）领导和管理民族事务，保障少数民族的平等权利和民族自治地方的自治权利；（12）保护华侨的正当的权利和利益，保护归侨和侨眷的合法的权利和利益；（13）改变或者撤销各部、各委员会发布的不适当的命令、指示和规章；（14）改变或者撤销地方各级国家行政机关的不适当的决定和命令；（15）批准省、自治区、直辖市的区域划分，批准自治州、县、自治县、市的建置和区域划分；（16）依照法律规定决定省、自治区、直辖市的范围内部分地区进入紧急状态；（17）审定行政机构的编制，依照法律规定任免、培训、考核和奖惩行政人员；（18）全国人民代表大会和全国人民代表大会常务委员会授予的其他职权。

三、公务员法

（一）判断题

1. 公务员制度坚持中国共产党领导，坚持以马克思列宁主义、毛泽东思想、邓小平理论、“三个代表”重要思想、科学发展观、习近平新时代中国特色社会主义思想为指导，贯彻社会主义初级阶段的基本路线，贯彻新时代中国共产党的组织路线，坚持党管干部原则。(　　)
2. 国家对公务员实行统一管理，提高管理效能和科学化水平。(　　)
3. 公务员应当保守国家秘密和工作秘密。(　　)
4. 所有职位类别公务员的职级序列均由《公务员法》加以规定。(　　)
5. 公务员的领导职务、职级应当对应相应的级别。(　　)
6. 录用担任二级主任科员以下及其他相当职级层次的公务员，采取公开考试、严格考察、平等竞争、择优录取的办法。(　　)
7. 新录用的公务员试用期为1年。试用期满合格的，予以任职；不合格的，取消录用。(　　)
8. 定期考核的结果可以以口头形式通知公务员本人。(　　)
9. 公务员职务实行委任制和聘任制。(　　)
10. 公务员任职应当在规定的编制限额和职数内进行，并有相应的职位空缺。(　　)
11. 奖励坚持定期奖励与及时奖励相结合，精神奖励与物质奖励相结

合、以物质奖励为主的原则。(　　)

12. 公务员有权进行陈述和申辩；处分决定机关不得因公务员申辩而加重处分。(　　)

13. 公务员受开除以外的处分，在受处分期间有悔改表现，并且没有再发生违纪违法行为的，处分期满后公告解除。(　　)

14. 机关不得委托其他培训机构承担公务员培训任务。(　　)

15. 公务员可以在公务员和参照《公务员法》管理的工作人员队伍内部交流，但不得与国有企业和不参照《公务员法》管理的事业单位中从事公务的人员交流。(　　)

16. 上级机关应当注重从基层机关公开遴选公务员。(　　)

17. 任何机关不得扣减或者拖欠公务员的工资。(　　)

18. 公务员辞去公职，任免机关应当自接到申请之日起 15 日内予以审批。(　　)

19. 公务员达到国家规定的退休年龄或者完全丧失行走能力的，应当退休。(　　)

20. 公务员对省级以下机关作出的申诉处理决定不服的，可以向作出处理决定的机关提出再申诉。(　　)

(二) 单项选择题

1. 公务员的管理，坚持监督约束与(　　)并重的原则。

A. 公平公正　　B. 激励保障

C. 德才兼备　　D. 提高效能

2. 公务员的任用，坚持德才兼备、(　　)，坚持五湖四海、任人唯贤，坚持事业为上、公道正派，突出政治标准，注重工作实绩。

A. 以德为先　　B. 以才为先

C. 效率为先　　D. 政治优先

3. 公务员工资、福利、保险以及录用、奖励、培训、辞退等所需经费，列入(　　)，予以保障。

A. 地方预算　　B. 国家预算

C. 财政预算　　D. 中央预算

4. 公务员应当年满(　　)周岁。

A. 16　　B. 18

C. 20　　D. 22

5. 国家根据人民警察、消防救援人员以及海关、驻外外交机构等公务员的工作特点，设置与其领导职务、职级相对应的(　　)。

A. 职务　　B. 职级

C. 衔级　　D. 级别

6. 地方各级机关公务员的录用，由省级公务员主管部门负责组织，必要时省级公务员主管部门可以授权(　　)级公务员主管部门组织。

A. 设区的市　　B. 较大的市

C. 县　　D. 不设区的市

7. 公务员的考核分为平时考核、专项考核和(　　)等方式。

A. 不定期考核　　B. 季度考核

C. 年度考核　　D. 定期考核

8. (　　)公务员在选举结果生效时即任当选职务。

A. 任期制　　B. 聘任制

C. 选任制　　D. 委任制

9. (　　)公务员试用期满考核合格，职务、职级发生变化，以及其他情形需要任免职务、职级的，应当按照管理权限和规定的程序任免。

A. 任期制　　B. 聘任制

C. 选任制　　D. 委任制

10. 公务员晋升领导职务，特别优秀的或者工作特殊需要的，(　　)按照规定破格或者越级晋升。

A. 应当　　B. 应该

C. 可以　　D. 必须

11. 公务员晋升领导职务的，应当按照有关规定实行任职前(　　)和任职试用期制度。

A. 公示制度　　B. 宣誓制度

C. 公告制度　　D. 考察制度

12. 公务员的职务、职级实行(　　)。

A. 优胜劣汰　　B. 能上能下

C. 优进劣退　　D. 择优退劣

13. 奖励分为：(　　)、记三等功、记二等功、记一等功、授予称号。

A. 嘉奖　　B. 奖励

C. 表彰　　D. 表扬

14. 机关应当对公务员的思想政治、履行职责、(　　)、遵纪守法等情况进行监督，开展勤政廉政教育，建立日常管理监督制度。

A. 道德素质　　B. 作风表现

C. 工作实绩　　D. 廉洁奉公

15. 国家有计划地加强对优秀(　　)的培训。

A. 年轻领导　　B. 年轻公务员

C. 青年公务员　　D. 青年领导

16. 因地域或者工作性质特殊，需要变通执行任职回避的，由(　　)公务员主管部门规定。

A. 县级以上　　B. 市级以上

C. 省级以上　　D. 中央

17. 公务员工资制度贯彻(　　)的原则，体现工作职责、工作能力、工作实绩、资历等因素，保持不同领导职务、职级、级别之间的合理工资差距。

A. 按劳分配　　B. 按需分配
C. 按资历分配　　D. 按职务分配

18. 辞退决定应当以(　　)通知被辞退的公务员，并应当告知辞退依据和理由。

A. 书面形式　　B. 口头形式
C. 公告形式　　D. 邮寄形式

19. 受理公务员申诉的机关应当自受理之日起(　　)内作出处理决定。

A. 15 日　　B. 30 日
C. 60 日　　D. 90 日

20. 公务员认为机关及其领导人员侵犯其合法权益的，可以依法向上级机关或者(　　)提出控告。

A. 公安机关　　B. 司法机关
C. 监察机关　　D. 检察机关

(三) 多项选择题

1. 公务员的(　　)，适用《公务员法》。

A. 义务　　B. 权力
C. 权利　　D. 管理

2. 公务员的管理，坚持(　　)的原则，依照法定的权限、条件、标准和程序进行。

A. 公开　　B. 平等
C. 竞争　　D. 择优

3. 公务员享有(　　)，不被免职、降职、辞退或者处分的权利。

A. 非因法定事由　　B. 非因法定情节

C. 非经法定程序　　D. 非经正当程序

4. 各机关依照确定的职能、(　　)以及结构比例，设置本机关公务员的具体职位，并确定各职位的工作职责和任职资格条件。

A. 规模　　B. 规格

C. 编制限额　　D. 职数

5. 招录机关根据考试成绩确定考察人选，并进行报考(　　)。

A. 资格复审　　B. 考察

C. 政审　　D. 体检

6. 公务员的考核应当按照管理权限，全面考核公务员的德、能、勤、绩、廉，重点考核(　　)。

A. 政治素质　　B. 道德品质

C. 工作实绩　　D. 廉洁奉公

7. 定期考核的结果作为调整公务员职位、职务、职级、级别、工资以及公务员(　　)的依据。

A. 奖励　　B. 辞退

C. 培训　　D. 晋升

8. 公务员职级应当逐级晋升，根据个人(　　)，参考民主推荐或者民主测评结果确定人选，经公示后，按照管理权限审批。

A. 德才表现　　B. 工作实绩

C. 任职资历　　D. 政治素质

9. 公务员或者公务员集体有(　　)情形的，撤销奖励。

A. 弄虚作假，骗取奖励的

B. 申报奖励时隐瞒严重错误或者严重违反规定程序的

C. 有严重违纪违法等行为，影响称号声誉的

D. 打架斗殴的

10. 公务员应当遵纪守法，不得(　　)。

A. 组织或者参加非法组织，组织或者参加罢工

B. 拒绝执行上级依法作出的决定和命令

C. 违反职业道德、社会公德和家庭美德

D. 不担当，不作为，玩忽职守，贻误工作

11. 公务员担任(　　)及其有关部门主要领导职务的，应当按照有关规定实行地域回避。

A. 乡级机关　　B. 县级机关

C. 设区的市级机关　　D. 省级机关

12. 公务员按照国家规定享受(　　)等津贴。

A. 地区附加津贴　　B. 中西部基层就业津贴

C. 艰苦边远地区津贴　　D. 岗位津贴

13. 公务员有(　　)情形的，不得辞去公职。

A. 未满国家规定的最低服务年限的

B. 重要公务尚未处理完毕，且须由本人继续处理的

C. 在涉及国家秘密等特殊职位任职或者离开上述职位不满国家规定的脱密期限的

D. 违法行政法规，正在接受行政处罚的

14. 公务员有(　　)情形的，不得辞退。

A. 因公致残，被确认丧失或者部分丧失工作能力的

B. 患病或者负伤，在规定的医疗期内的

C. 女性公务员在孕期、产假、哺乳期内的

D. 旷工或者因公外出、请假期满无正当理由逾期不归连续超过15天

15. 公务员提出申诉、控告，应当尊重事实，不得捏造事实，

(　　)他人。

A. 诬告　　B. 诋毁

C. 侮辱　　D. 陷害

(四) 填空题

1. 公务员是____的重要组成部分，是社会主义事业的中坚力量，是人民的____。
2. 公务员应当具有正常履行职责的____和____。
3. 公务员应当忠于宪法，模范遵守、自觉维护____和____，自觉接受____领导。
4. 公务员的领导职务、职级应当对应相应的____。根据工作需要和领导职务与职级的对应关系，公务员担任的领导职务和职级可以互相____、____；符合规定资格条件的，可以晋升领导职务或者职级。
5. 公务员录用考试采取____等方式进行，考试内容根据公务员应当具备的____和不同____、不同____分别设置。
6. 非领导成员公务员的定期考核，先由____按照职位职责和有关要求进行总结，主管领导在听取____后，提出考核等次建议，由本机关____或者授权的____确定考核等次。
7. 公务员因违纪违法应当承担纪律责任的，依照《公务员法》给予处分或者由____依法给予____；违纪违法行为情节轻微，经批评教育后改正的，可以____。
8. 受处分的期间为：警告，____；记过，____；记大过，____；降级、撤职，____。
9. 公务员在不同职位之间转任应当具备拟任职位所要求的____，在规定的____和职数内进行。

10. 根据工作需要，机关可以采取____选派公务员承担重大工程、重大项目、____或者其他专项工作。
11. 国家根据____水平提高公务员的福利待遇。
12. 担任领导职务的公务员，因工作变动依照法律规定需要辞去现任职务的，应当履行____。
13. 被辞退的公务员，____领取辞退费或者根据国家有关规定享受____。
14. 受理公务员申诉的机关应当自受理之日起____内作出处理决定；案情复杂的，可以适当延长，但是延长时间不得超过____。复核、申诉期间____人事处理的执行。
15. 公务员申诉的受理机关审查认定人事处理有错误的，原处理机关应当及时____。

（五）简答题

1. 简述《公务员法》中规定的公务员应当履行的义务。
2. 简述不得录用为公务员的人员。
3. 简述给予公务员或者公务员集体奖励的情形。
4. 公务员应当遵纪守法，简述公务员不得有的违纪违法行为。
5. 简述公务员执行公务时应当回避的情形。
6. 简述公务员应当予以辞退的情形。

参考答案

（一）判断题

1. √，解析：根据《公务员法》第 4 条规定。
2. ×，解析：根据《公务员法》第 8 条规定，国家对公务员实行分类管理。

3. √，解析：根据《公务员法》第 14 条第 5 项规定。

4. ×，解析：根据《公务员法》第 19 条第 3 款规定，综合管理类以外其他职位类别公务员的职级序列，根据本法由国家另行规定。

5. √，解析：根据《公务员法》第 21 条规定。

6. ×，解析：根据《公务员法》第 23 条第 1 款规定，录用担任一级主任科员以下及其他相当职级层次的公务员，采取公开考试、严格考察、平等竞争、择优录取的办法。

7. √，解析：根据《公务员法》第 34 条规定。

8. ×，解析：根据《公务员法》第 38 条第 2 款规定，定期考核的结果应当以书面形式通知公务员本人。

9. ×，解析：根据《公务员法》第 40 条第 1 款规定，公务员领导职务实行选任制、委任制和聘任制。公务员职级实行委任制和聘任制。

10. √，解析：根据《公务员法》第 43 条规定。

11. ×，解析：根据《公务员法》第 51 条第 1 款规定，奖励坚持定期奖励与及时奖励相结合，精神奖励与物质奖励相结合、以精神奖励为主的原则。

12. √，解析：根据《公务员法》第 63 条规定。

13. ×，解析：根据《公务员法》第 65 条第 1 款规定，公务员受开除以外的处分，在受处分期间有悔改表现，并且没有再发生违纪违法行为的，处分期满后自动解除。

14. ×，解析：根据《公务员法》第 66 条第 2 款规定，机关根据需要也可以委托其他培训机构承担公务员培训任务。

15. ×，解析：根据《公务员法》第 69 条第 2 款规定，公务员可以在公务员和参照本法管理的工作人员队伍内部交流，也可以与国有企业和不参照本法管理的事业单位中从事公务的人员交流。

16. √，解析：根据《公务员法》第 71 条规定。

17. √，解析：根据《公务员法》第 84 条规定。

18. ×，解析：根据《公务员法》第 85 条规定，公务员辞去公职，应当向任免机关提出书面申请。任免机关应当自接到申请之日起 30 日内予以审批，其中对领导成员辞去公职的申请，应当自接到申请之日起 90 日内予以审批。
19. ×，解析：根据《公务员法》第 92 条规定，公务员达到国家规定的退休年龄或者完全丧失工作能力的，应当退休。
20. ×，解析：根据《公务员法》第 95 条第 2 款规定，对省级以下机关作出的申诉处理决定不服的，可以向作出处理决定的上一级机关提出再申诉。

（二）单项选择题

1. B，解析：根据《公务员法》第 6 条规定，公务员的管理，坚持监督约束与激励保障并重的原则。
2. A，解析：根据《公务员法》第 7 条规定，公务员的任用，坚持德才兼备、以德为先，坚持五湖四海、任人唯贤，坚持事业为上、公道正派，突出政治标准，注重工作实绩。
3. C，解析：根据《公务员法》第 11 条规定，公务员工资、福利、保险以及录用、奖励、培训、辞退等所需经费，列入财政预算，予以保障。
4. B，解析：根据《公务员法》第 13 条第 2 项规定，公务员应当具备下列条件：（2）年满 18 周岁。
5. C，解析：根据《公务员法》第 22 条规定，国家根据人民警察、消防救援人员以及海关、驻外外交机构等公务员的工作特点，设置与其领导职务、职级相对应的衔级。
6. A，解析：根据《公务员法》第 24 条规定，地方各级机关公务员的录用，由省级公务员主管部门负责组织，必要时省级公务员主管部门可以授权设区的市级公务员主管部门组织。
7. D，解析：根据《公务员法》第 36 条规定，公务员的考核分为平时考核、专项考核和定期考核等方式。

8. C，解析：根据《公务员法》第 41 条规定，选任制公务员在选举结果生效时即任当选职务。
9. D，解析：根据《公务员法》第 42 条规定，委任制公务员试用期满考核合格，职务、职级发生变化，以及其他情形需要任免职务、职级的，应当按照管理权限和规定的程序任免。
10. C，解析：根据《公务员法》第 45 条第 2 款规定，特别优秀的或者工作特殊需要的，可以按照规定破格或者越级晋升。
11. A，解析：根据《公务员法》第 48 条规定，公务员晋升领导职务的，应当按照有关规定实行任职前公示制度和任职试用期制度。
12. B，解析：根据《公务员法》第 50 条第 1 款规定，公务员的职务、职级实行能上能下。
13. A，解析：根据《公务员法》第 53 条第 1 款规定，奖励分为：嘉奖、记三等功、记二等功、记一等功、授予称号。
14. B，解析：根据《公务员法》第 57 条第 1 款规定，机关应当对公务员的思想政治、履行职责、作风表现、遵纪守法等情况进行监督，开展勤政廉政教育，建立日常管理监督制度。
15. B，解析：根据《公务员法》第 67 条第 2 款规定，国家有计划地加强对优秀年轻公务员的培训。
16. C，解析：根据《公务员法》第 74 条第 3 款规定，因地域或者工作性质特殊，需要变通执行任职回避的，由省级以上公务员主管部门规定。
17. A，解析：根据《公务员法》第 79 条第 2 款规定，公务员工资制度贯彻按劳分配的原则，体现工作职责、工作能力、工作实绩、资历等因素，保持不同领导职务、职级、级别之间的合理工资差距。
18. A，解析：根据《公务员法》第 90 条第 1 款规定，辞退决定应当以书面形式通知被辞退的公务员，并应当告知辞退依据和理由。

19. C，解析：根据《公务员法》第96条第1款规定，受理公务员申诉的机关应当自受理之日起60日内作出处理决定；案情复杂的，可以适当延长，但是延长时间不得超过30日。

20. C，解析：根据《公务员法》第98条规定，公务员认为机关及其领导人员侵犯其合法权益的，可以依法向上级机关或者监察机关提出控告。

（三）多项选择题

1. ACD，解析：根据《公务员法》第3条第1款规定，公务员的义务、权利和管理，适用本法。

2. ABCD，解析：根据《公务员法》第5条规定，公务员的管理，坚持公开、平等、竞争、择优的原则，依照法定的权限、条件、标准和程序进行。

3. AC，解析：根据《公务员法》第15条第2项规定，公务员享有下列权利：（2）非因法定事由、非经法定程序，不被免职、降职、辞退或者处分。

4. BCD，解析：根据《公务员法》第20条规定，各机关依照确定的职能、规格、编制限额、职数以及结构比例，设置本机关公务员的具体职位，并确定各职位的工作职责和任职资格条件。

5. ABD，解析：根据《公务员法》第31条第1款规定，招录机关根据考试成绩确定考察人选，并进行报考资格复审、考察和体检。

6. AC，解析：根据《公务员法》第35条规定，公务员的考核应当按照管理权限，全面考核公务员的德、能、勤、绩、廉，重点考核政治素质和工作实绩。

7. ABC，解析：根据《公务员法》第39条规定，定期考核的结果作为调整公务员职位、职务、职级、级别、工资以及公务员奖励、培训、辞退的依据。

8. ABC，解析：根据《公务员法》第49条规定，公务员职级应当逐级晋升，根据个人德才表现、工作实绩和任职资历，参考民主推荐或者民主测评结果确定人选，经公示后，按照管理权限审批。

9. ABC，解析：根据《公务员法》第 56 条规定，公务员或者公务员集体有下列情形之一的，撤销奖励：（1）弄虚作假，骗取奖励的；（2）申报奖励时隐瞒严重错误或者严重违反规定程序的；（3）有严重违纪违法等行为，影响称号声誉的；（4）有法律、法规规定应当撤销奖励的其他情形的。

10. ABCD，解析：根据《公务员法》第 59 条第 2 项、第 4 项、第 5 项、第 14 项规定，公务员应当遵纪守法，不得有下列行为：（2）组织或者参加非法组织，组织或者参加罢工；（4）不担当，不作为，玩忽职守，贻误工作；（5）拒绝执行上级依法作出的决定和命令；（14）违反职业道德、社会公德和家庭美德。

11. ABC，解析：根据《公务员法》第 75 条规定，公务员担任乡级机关、县级机关、设区的市级机关及其有关部门主要领导职务的，应当按照有关规定实行地域回避。

12. ACD，解析：根据《公务员法》第 80 条第 2 款规定，公务员按照国家规定享受地区附加津贴、艰苦边远地区津贴、岗位津贴等津贴。

13. ABC，解析：根据《公务员法》第 86 条规定，公务员有下列情形之一的，不得辞去公职：（1）未满国家规定的最低服务年限的；（2）在涉及国家秘密等特殊职位任职或者离开上述职位不满国家规定的脱密期限的；（3）重要公务尚未处理完毕，且须由本人继续处理的；（4）正在接受审计、纪律审查、监察调查，或者涉嫌犯罪，司法程序尚未终结的；（5）法律、行政法规规定的其他不得辞去公职的情形。

14. ABC，解析：根据《公务员法》第 89 条规定，对有下列情形之一的公务员，不得辞退：（1）因公致残，被确认丧失或者部分丧失工作能力的；（2）患病或者负伤，在规定的医疗期内的；（3）女性公务员在孕期、产假、哺乳期内的；（4）法律、行政法规规定的其他不得辞退的情形。

15. AD，解析：根据《公务员法》第 99 条规定，公务员提出申诉、控告，应当尊重事实，不得捏造事实，诬告、陷害他人。

（四）填空题

1. 干部队伍；公仆。（《公务员法》第 2 条）
2. 身体条件；心理素质。（《公务员法》第 13 条）
3. 宪法；法律；中国共产党。（《公务员法》第 14 条）
4. 级别；转任；兼任。（《公务员法》第 21 条）
5. 笔试和面试；基本能力；职位类别；层级机关。（《公务员法》第 30 条）
6. 个人；群众意见；负责人；考核委员会。（《公务员法》第 37 条）
7. 监察机关；政务处分；免予处分。（《公务员法》第 61 条）
8. 6 个月；12 个月；18 个月；24 个月。（《公务员法》第 64 条）
9. 资格条件；编制限额。（《公务员法》第 71 条）
10. 挂职方式；重点任务。（《公务员法》第 72 条）
11. 经济社会发展。（《公务员法》第 82 条）
12. 辞职手续。（《公务员法》第 87 条）
13. 可以；失业保险。（《公务员法》第 90 条）
14. 60 日；30 日；不停止。（《公务员法》第 96 条）
15. 予以纠正。（《公务员法》第 97 条）

（五）简答题

1. 答：根据《公务员法》第 14 条规定，公务员应当履行下列义务：（1）忠于宪法，模范遵守、自觉维护宪法和法律，自觉接受中国共产党领导；（2）忠于国家，维护国家的安全、荣誉和利益；（3）忠于人民，全心全意为人民服务，接受人民监督；（4）忠于职守，勤勉尽责，服从和执行上级依法作出的决定和命令，按照规定的权限和程序履行职责，努力提高工作质量和效率；(5) 保守国家秘密和工作秘密；(6) 带头践行社会主义核心价值观，坚守法治，遵守纪律，恪守职业道德，模范遵守社会公德、家庭美德；(7) 清正廉洁，公道正派；(8) 法律规定的其他义务。

2. 答：根据《公务员法》第 26 条规定，下列人员不得录用为公务员：(1) 因犯罪受过刑事处罚的；(2) 被开除中国共产党党籍的；(3) 被开除公职的；(4) 被依法列为失信联合惩戒对象的；(5) 有法律规定不得录用为公务员的其他情形的。

3. 答：根据《公务员法》第 52 条规定，公务员或者公务员集体有下列情形之一的，给予奖励：(1) 忠于职守，积极工作，勇于担当，工作实绩显著的；(2) 遵纪守法，廉洁奉公，作风正派，办事公道，模范作用突出的；(3) 在工作中有发明创造或者提出合理化建议，取得显著经济效益或者社会效益的；(4) 为增进民族团结，维护社会稳定做出突出贡献的；(5) 爱护公共财产，节约国家资财有突出成绩的；(6) 防止或者消除事故有功，使国家和人民群众利益免受或者减少损失的；(7) 在抢险、救灾等特定环境中做出突出贡献的；(8) 同违纪违法行为作斗争有功绩的；(9) 在对外交往中为国家争得荣誉和利益的；(10) 有其他突出功绩的。

4. 答：根据《公务员法》第 59 条规定，公务员应当遵纪守法，不得有下列行为：(1) 散布有损宪法权威、中国共产党和国家声誉的言论，组织或者参加旨在反对宪法、中国共产党领导和国家的集会、游行、示威等活动；(2) 组织或者参加非法组织，组织或者参加罢工；(3) 挑拨、破坏民族关系，参加民族分裂活动或者组织、利用宗教活动破坏民族团结和社会稳定；(4) 不担当，不作为，玩忽职守，贻误工作；(5) 拒绝执行上级依法作出的决定和命令；(6) 对批评、申诉、控告、检举进行压制或者打击报复；(7) 弄虚作假，误导、欺骗领导和公众；(8) 贪污贿赂，利用职务之便为自己或者他人谋取私利；（9）违反财经纪律，浪费国家资财；（10）滥用职权，侵害公民、法人或者其他组织的合法权益；（11）泄露国家秘密或者工作秘密；（12）在对外交往中损害国家荣誉和利益；（13）参与或者支持色情、吸毒、赌博、迷信等活动；（14）违反职业道德、社会公德和家庭美德；（15）违反有关规定参与禁止的网络传播行为或者网络活动；（16）违反有关规定从事或者参与营利性活动，在企业或者其他营利性组织中兼任职务；（17）旷工或者因公外出、请假期满无正当理由逾期不归；（18）违纪违法的其他行为。

5. 答：根据《公务员法》第 76 条规定，公务员执行公务时，有下列情形之一的，应当回避：（1）涉及本人利害关系的；（2）涉及与本人有本法第 74 条第 1 款所列亲属关系人员的利害关系的；（3）其他可能影响公正执行公务的。

6. 答：根据《公务员法》第 88 条规定，公务员有下列情形之一的，予以辞退：（1）在年度考核中，连续 2 年被确定为不称职的；（2）不胜任现职工作，又不接受其他安排的；（3）因所在机关调整、撤销、合并或者缩减编制员额需要调整工作，本人拒绝合理安排的；（4）不履行公务员义务，不遵守法律和公务员纪律，经教育仍无转变，不适合继续在机关工作，又不宜给予开除处分的；（5）旷工或者因公外出、请假期满无正当理由逾期不归连续超过 15 天，或者 1 年内累计超过 30 天的。

四、监察法

（一）判断题

1. 为了深化国家监察体制改革，加强对所有公职人员的监督，实现国家监察全面覆盖，深入开展反腐败工作，推进国家治理体系和治理能力现代化，根据宪法，制定《监察法》。(　　)
2. 监察机关办理职务违法和职务犯罪案件，应当与审判机关、检察机关、执法部门互相配合，互相监督。(　　)
3. 国家监察委员会指导地方各级监察委员会的工作，上级监察委员会指导下级监察委员会的工作。(　　)
4. 监察机构、监察专员对派驻或者派出它的监察委员会负责。(　　)
5. 上级监察机关可以将其所管辖的监察事项指定下级监察机关管辖，必要时也可以将下级监察机关有管辖权的监察事项指定给其他监察机关管辖。(　　)
6. 对可能发生职务违法的监察对象，监察机关按照管理权限，只能直接进行谈话或者要求说明情况。(　　)
7. 在调查过程中，监察机关可以询问证人等人员。(　　)
8. 监察机关在调查过程中，应当直接或者指派、聘请具有专门知识、资格的人员在调查人员主持下进行勘验检查。(　　)
9. 依法应当留置的被调查人如果在逃，监察机关可以决定在本行政区域内通缉，由监察机关发布通缉令，追捕归案。(　　)
10. 监察机关依照本法规定收集的物证、书证、证人证言、被调查人

供述和辩解、视听资料、电子数据等证据材料，在刑事诉讼中可以作为证据使用。（　　）

11. 监察机关对于报案或者举报，应当接受并按照有关规定处理。（　　）

12. 需要采取初步核实方式处置问题线索的，监察机关应当依法履行审批程序，成立调查组。（　　）

13. 调查人员采取讯问、询问、留置、搜查、调取、查封、扣押、勘验检查等调查措施，均应当依照规定出示证件，出具书面通知，由 3 人以上进行，形成笔录、报告等书面材料，并由相关人员签名、盖章。（　　）

14. 对调查过程中的重要事项，应当集体研究后按程序请示报告。（　　）

15. 对被调查人采取留置措施后，应当在 12 小时以内，通知被留置人员所在单位和家属，但有可能毁灭、伪造证据，干扰证人作证或者串供等有碍调查情形的除外。（　　）

16. 监察对象对监察机关作出的涉及本人的处理决定不服的，可以在收到处理决定之日起 1 个月内，向作出决定的监察机关申请复审，复审机关应当在 1 个月内作出复审决定。（　　）

17. 最高人民检察院统筹协调与其他国家、地区、国际组织开展的反腐败国际交流、合作，组织反腐败国际条约实施工作。（　　）

18. 各级监察委员会应当接受上级人民代表大会及其常务委员会的监督。（　　）

19. 监察人员必须模范遵守宪法和法律，忠于职守、秉公执法，清正廉洁、保守秘密；必须具有良好的政治素质，熟悉监察业务，具备运用法律、法规、政策和调查取证等能力，自觉接受监督。（　　）

20. 有关单位拒不执行监察机关作出的处理决定，或者无正当理由拒不采纳监察建议的，由其主管部门、上级机关责令改正，对单位给予通报批评；对负有责任的领导人员和直接责任人员依法给予刑事处罚。(　　)

21. 监察机关及其工作人员行使职权，侵犯公民、法人和其他组织的合法权益造成损害的，依法给予国家补偿。(　　)

（二）单项选择题

1. 坚持中国共产党对国家监察工作的领导，以马克思列宁主义、毛泽东思想、邓小平理论、“三个代表”重要思想、科学发展观、习近平新时代中国特色社会主义思想为指导，构建集中统一、权威高效的中国特色国家(　　)。

A. 监察体制　　B. 监督体制

C. 监管体制　　D. 制约体制

2. 地方各级监察委员会对本级人民代表大会及其常务委员会和(　　)监察委员会负责，并接受其监督。

A. 上一级　　B. 本级

C. 市级以上　　D. 省级以上

3. 派驻或者派出的监察机构、监察专员根据授权，按照管理权限依法对公职人员进行监督，提出监察建议，依法对公职人员进行(　　)、处置。

A. 处罚　　B. 处分

C. 调查　　D. 教育

4. 监察机关之间对监察事项的管辖有争议的，由(　　)监察机关确定。

A. 国家监察委员会　　B. 省级

C. 市级以上　　D. 其共同的上级

5. 监察机关行使监督、调查职权，有权依法向有关单位和个人了解情况，收集、调取证据。有关单位和个人(　　)如实提供。

A. 应当　　B. 可以

C. 必须　　D. 应该

6. 在调查过程中，对涉嫌职务违法的被调查人，监察机关可以要求其就涉嫌违法行为作出陈述，(　　)向被调查人出具书面通知。

A. 应当　　B. 可以

C. 必须　　D. 必要时

7. 监察机关在调查过程中，可以调取、查封、扣押用以(　　)被调查人涉嫌违法犯罪的财物、文件和电子数据等信息。

A. 证实　　B. 查证

C. 证明　　D. 验证

8. 监察机关为防止被调查人及相关人员逃匿境外，经(　　)监察机关批准，可以对被调查人及相关人员采取限制出境措施，由公安机关依法执行。

A. 县级以上　　B. 市级以上

C. 省级以上　　D. 中央

9. 监察机关对于报案或者举报，应当接受并按照有关规定处理。对于不属于本机关管辖的，应当移送(　　)机关处理。

A. 主管　　B. 上级

C. 有管辖权　　D. 省级

10. 初步核实情况报告和分类处理意见报(　　)审批。

A. 监察委员会主任　　B. 监察机关主要负责人

C. 监察机关分管领导　　D. 监察委员会副主任

11. 监察机关对职务违法和职务犯罪案件，应当进行调查，收集被调查人有无违法犯罪以及情节轻重的证据，查明违法犯罪事实，形成相互印证、完整稳定的(　　)。

A. 事实链　　B. 情节链

C. 证据链　　D. 证明链

12. 被留置人员涉嫌犯罪移送司法机关后，被依法判处管制、拘役和有期徒刑的，留置1日折抵管制(　　)，折抵拘役、有期徒刑1日。

A. 1日　　B. 2日

C. 3日　　D. 4日

13. 监察机关经调查，对违法取得的财物，依法予以没收、追缴或者责令退赔；对涉嫌犯罪取得的财物，应当随案移送(　　)。

A. 公安机关　　B. 人民法院

C. 人民检察院　　D. 上级监察机关

14. 监察机关(　　)依法公开监察工作信息，接受民主监督、社会监督、舆论监督。

A. 应当　　B. 可以

C. 必须　　D. 应该

15. 监察人员辞职、退休(　　)内，不得从事与监察和司法工作相关联且可能发生利益冲突的职业。

A. 2年　　B. 3年

C. 4年　　D. 5年

16. 监察对象对控告人、检举人、证人或者监察人员进行报复陷害的；控告人、检举人、证人捏造事实诬告陷害监察对象的，依法给予(　　)。

A. 处罚　　B. 处分

C. 处置　　D. 处理

17. 违反《监察法》规定，构成犯罪的，依法追究(　　)。

A. 刑事责任　　B. 行政责任
C. 民事责任　　D. 赔偿责任

(三) 多项选择题

1. 国家监察工作坚持标本兼治、综合治理，强化监督问责，严厉惩治腐败；深化改革、健全法治，有效制约和监督权力；加强(　　)，弘扬中华优秀传统文化，构建不敢腐、不能腐、不想腐的长效机制。

A. 法制教育　　B. 法治教育
C. 道德教育　　D. 廉政教育

2. 各级监察委员会可以向本级中国共产党机关、国家机关、法律法规授权或者委托管理公共事务的组织和单位以及所管辖的(　　)等派驻或者派出监察机构、监察专员。

A. 行政区域　　B. 国有企业
C. 事业单位　　D. 中央企业

3. 监察机关认为所管辖的监察事项(　　)，需要由上级监察机关管辖的，可以报请上级监察机关管辖。

A. 重大　　B. 重要
C. 复杂　　D. 繁杂

4. 对涉嫌(　　)等职务犯罪的被调查人，监察机关可以进行讯问，要求其如实供述涉嫌犯罪的情况。

A. 玩忽职守　　B. 贪污贿赂
C. 徇私舞弊　　D. 失职渎职

5. 被调查人涉嫌贪污贿赂、失职渎职等严重职务违法或者职务犯罪，监察机关已经掌握其部分违法犯罪事实及证据，仍有重要问题需要进一步调查，并有(　　)情形的，经监察机关依法审批，可以将其留置在特定场所。

A. 涉及案情重大、复杂的

B. 可能逃跑、自杀的

C. 可能串供或者伪造、隐匿、毁灭证据的

D. 可能有其他妨碍调查行为的

6. 监察机关调查涉嫌贪污贿赂、失职渎职等严重职务违法或者职务犯罪，根据工作需要，可以依照规定(　　)涉案单位和个人的存款、汇款、债券、股票、基金份额等财产。

A. 查询　　B. 扣押

C. 冻结　　D. 拍卖

7. 监察机关可以对涉嫌职务犯罪的被调查人以及可能隐藏被调查人或者犯罪证据的人的(　　)和其他有关地方进行搜查。

A. 身体　　B. 物品

C. 住处　　D. 经营场所

8. (　　)等国家机关在工作中发现公职人员涉嫌贪污贿赂、失职渎职等职务违法或者职务犯罪的问题线索，应当移送监察机关，由监察机关依法调查处置。

A. 人民法院　　B. 人民检察院

C. 公安机关　　D. 审计机关

9. 调查人员进行讯问以及(　　)等重要取证工作，应当对全过程进行录音录像，留存备查。

A. 搜查　　B. 查封

C. 扣押　　D. 冻结

10. 监察机关通过设立内部专门的监督机构等方式，加强对监察人员执行职务和遵守法律情况的监督，建设(　　)的监察队伍。

A. 忠诚　　B. 干净

C. 担当　　　　　　　　　　D. 守法

11. 办理监察事项的监察人员有(　　)情形的，应当自行回避，监察对象、检举人及其他有关人员也有权要求其回避。

A. 是监察对象或者检举人的近亲属的

B. 担任过本案的证人的

C. 本人或者其近亲属与办理的监察事项有利害关系的

D. 有可能影响监察事项公正处理的其他情形的

(四) 填空题

1. 监察委员会依照法律规定____行使监察权，不受行政机关、____和个人的干涉。

2. 国家监察工作坚持____、综合治理，强化监督问责，严厉惩治腐败；深化改革、健全法治，有效制约和监督权力；加强法治教育和____，弘扬中华优秀传统文化，构建不敢腐、不能腐、不想腐的____。

3. 中华人民共和国国家监察委员会是最高____。省、____、直辖市、自治州、县、自治县、市、____设立监察委员会。

4. 国家实行监察官制度，依法确定监察官的等级设置、____、考评和____等制度。

5. 监察机关及其工作人员对监督、调查过程中知悉的____、____、个人隐私，应当保密。任何单位和个人不得伪造、____或者____证据。

6. 监察机关在搜查时，应当出示____，并有被搜查人或者其____等____在场。

7. 监察机关在调查过程中，对于案件中的____问题，可以指派、____有专门知识的人进行鉴定。鉴定人进行鉴定后，应当出具

____，并且____。

8. 采取技术调查措施的批准决定应当明确采取技术调查措施的____和____，自签发之日起 3 个月以内有效；对于复杂、疑难案件，期限届满仍有必要继续采取技术调查措施的，经过批准，有效期可以延长，每次不得超过____。对于不需要继续采取技术调查措施的，应当及时____。
9. 以____收集的证据应当依法予以____，不得作为案件处置的依据。
10. 监察机关应当严格按照程序开展工作，建立问题线索处置、调查、审理各部门相互____、相互____的工作机制。
11. 初步核实工作结束后，核查组应当撰写初步核实____，提出处理建议。承办部门应当提出____意见。
12. 监察机关主要负责人依法批准立案后，应当主持召开____，研究确定调查方案，决定需要采取的____。
13. 省级监察机关采取留置措施，应当报国家监察委员会____。留置时间不得超过____。
14. 讯问被留置人员应当合理安排讯问____和时长，讯问笔录由被讯问人阅看后____。
15. 对于补充调查的案件，应当在____内补充调查完毕。补充调查以____为限。
16. 国家监察委员会组织协调有关方面加强与有关国家、地区、国际组织在反腐败执法、引渡、____、被判刑人的移管、____和信息交流等领域的合作。
17. 发现办理监察事项的监察人员未经批准接触被调查人、____及其特定关系人，或者存在交往情形的，知情人应当及时____。有关情况应当登记____。
18. 对调查工作结束后发现立案依据____或者失实，案件处置出现重大失误，监察人员严重____的，应当追究负有责任的领导人员和直接责任人员的____。

（五）简答题

1. 简述监察委员会依照《监察法》和有关法律规定所应履行的职责。
2. 简述监察机关可以对哪些人员进行监察。
3. 简述在哪些情形下，监察机关可以对主动认罪认罚的涉嫌职务犯罪的被调查人提出从宽处罚建议。
4. 简述监察机关根据监督、调查结果，可以依法作出哪些处置。
5. 简述国家监察委员会加强对反腐败国际追逃追赃和防逃工作的组织协调，督促有关单位做好哪些相关工作。
6. 简述监察机关及其工作人员有哪些行为的，被调查人及其近亲属有权向该机关申诉。
7. 简述监察机关及其工作人员有哪些行为，对负有责任的领导人员和直接责任人员依法给予处理。

参考答案

（一）判断题

1. ×，解析：根据《监察法》第1条规定，为了深化国家监察体制改革，加强对所有行使公权力的公职人员的监督，实现国家监察全面覆盖，深入开展反腐败工作，推进国家治理体系和治理能力现代化，根据宪法，制定本法。
2. ×，解析：根据《监察法》第4条第2款规定，监察机关办理职务违法和职务犯罪案件，应当与审判机关、检察机关、执法部门互相配合，互相制约。

3. ×，解析：根据《监察法》第 10 条规定，国家监察委员会领导地方各级监察委员会的工作，上级监察委员会领导下级监察委员会的工作。
4. √，解析：根据《监察法》第 12 条规定。
5. ×，解析：根据《监察法》第 17 条第 1 款规定，上级监察机关可以将其所管辖的监察事项指定下级监察机关管辖，也可以将下级监察机关有管辖权的监察事项指定给其他监察机关管辖。
6. ×，解析：根据《监察法》第 19 条规定，对可能发生职务违法的监察对象，监察机关按照管理权限，可以直接或者委托有关机关、人员进行谈话或者要求说明情况。
7. √，解析：根据《监察法》第 21 条规定。
8. ×，解析：根据《监察法》第 26 条规定，监察机关在调查过程中，可以直接或者指派、聘请具有专门知识、资格的人员在调查人员主持下进行勘验检查。
9. ×，解析：根据《监察法》第 29 条规定，依法应当留置的被调查人如果在逃，监察机关可以决定在本行政区域内通缉，由公安机关发布通缉令，追捕归案。
10. √，解析：根据《监察法》第 33 条规定。
11. √，解析：根据《监察法》第 35 条规定。
12. ×，解析：根据《监察法》第 38 条规定，需要采取初步核实方式处置问题线索的，监察机关应当依法履行审批程序，成立核查组。
13. ×，解析：根据《监察法》第 41 条第 1 款规定，调查人员采取讯问、询问、留置、搜查、调取、查封、扣押、勘验检查等调查措施，均应当依照规定出示证件，出具书面通知，由 2 人以上进行，形成笔录、报告等书面材料，并由相关人员签名、盖章。
14. √，解析：根据《监察法》第 42 条规定。
15. ×，解析：根据《监察法》第 44 条第 1 款规定，对被调查人采取留置措施后，应当在 24 小时以内，通知被留置人员所在单位和家属，但有可能毁灭、伪造证据，干扰证人作证或者串供等有碍调查情形的除外。

16. √，解析：根据《监察法》第49条规定。

17. ×，解析：根据《监察法》第50条规定，国家监察委员会统筹协调与其他国家、地区、国际组织开展的反腐败国际交流、合作，组织反腐败国际条约实施工作。

18. ×，解析：根据《监察法》第53条第1款规定，各级监察委员会应当接受本级人民代表大会及其常务委员会的监督。

19. √，解析：根据《监察法》第56条规定。

20. ×，解析：根据《监察法》第62条规定，有关单位拒不执行监察机关作出的处理决定，或者无正当理由拒不采纳监察建议的，由其主管部门、上级机关责令改正，对单位给予通报批评；对负有责任的领导人员和直接责任人员依法给予处理。

21. ×，解析：根据《监察法》第67条规定，监察机关及其工作人员行使职权，侵犯公民、法人和其他组织的合法权益造成损害的，依法给予国家赔偿。

（二）单项选择题

1. A，解析：根据《监察法》第2条规定，坚持中国共产党对国家监察工作的领导，以马克思列宁主义、毛泽东思想、邓小平理论、“三个代表”重要思想、科学发展观、习近平新时代中国特色社会主义思想为指导，构建集中统一、权威高效的中国特色国家监察体制。

2. A，解析：根据《监察法》第9条第4款规定，地方各级监察委员会对本级人民代表大会及其常务委员会和上一级监察委员会负责，并接受其监督。

3. C，解析：根据《监察法》第13条规定，派驻或者派出的监察机构、监察专员根据授权，按照管理权限依法对公职人员进行监督，提出监察建议，依法对公职人员进行调查、处置。

4. D，解析：根据《监察法》第 16 条第 3 款规定，监察机关之间对监察事项的管辖有争议的，由其共同的上级监察机关确定。
5. A，解析：根据《监察法》第 18 条第 1 款规定，监察机关行使监督、调查职权，有权依法向有关单位和个人了解情况，收集、调取证据。有关单位和个人应当如实提供。
6. D，解析：根据《监察法》第 20 条第 1 款规定，在调查过程中，对涉嫌职务违法的被调查人，监察机关可以要求其就涉嫌违法行为作出陈述，必要时向被调查人出具书面通知。
7. C，解析：根据《监察法》第 25 条第 1 款规定，监察机关在调查过程中，可以调取、查封、扣押用以证明被调查人涉嫌违法犯罪的财物、文件和电子数据等信息。
8. C，解析：根据《监察法》第 30 条规定，监察机关为防止被调查人及相关人员逃匿境外，经省级以上监察机关批准，可以对被调查人及相关人员采取限制出境措施，由公安机关依法执行。
9. A，解析：根据《监察法》第 35 条规定，监察机关对于报案或者举报，应当接受并按照有关规定处理。对于不属于本机关管辖的，应当移送主管机关处理。
10. B，解析：根据《监察法》第 38 条规定，初步核实情况报告和分类处理意见报监察机关主要负责人审批。
11. C，解析：根据《监察法》第 40 条第 1 款规定，监察机关对职务违法和职务犯罪案件，应当进行调查，收集被调查人有无违法犯罪以及情节轻重的证据，查明违法犯罪事实，形成相互印证、完整稳定的证据链。
12. B，解析：根据《监察法》第 44 条第 3 款规定，被留置人员涉嫌犯罪移送司法机关后，被依法判处管制、拘役和有期徒刑的，留置 1 日折抵管制 2 日，折抵拘役、有期徒刑 1 日。
13. C，解析：根据《监察法》第 46 条规定，监察机关经调查，对违法取得的财物，依法予以没收、追缴或者责令退赔；对涉嫌犯罪取得的财物，应当随案移送人民检察院。

14. A，解析：根据《监察法》第 54 条规定，监察机关应当依法公开监察工作信息，接受民主监督、社会监督、舆论监督。

15. B，解析：根据《监察法》第 59 条第 2 款规定，监察人员辞职、退休 3 年内，不得从事与监察和司法工作相关联且可能发生利益冲突的职业。

16. D，解析：根据《监察法》第 64 条规定，监察对象对控告人、检举人、证人或者监察人员进行报复陷害的；控告人、检举人、证人捏造事实诬告陷害监察对象的，依法给予处理。

17. A，解析：根据《监察法》第 66 条规定，违反本法规定，构成犯罪的，依法追究刑事责任。

（三）多项选择题

1. BC，解析：根据《监察法》第 6 条规定，国家监察工作坚持标本兼治、综合治理，强化监督问责，严厉惩治腐败；深化改革、健全法治，有效制约和监督权力；加强法治教育和道德教育，弘扬中华优秀传统文化，构建不敢腐、不能腐、不想腐的长效机制。

2. AB，解析：根据《监察法》第 12 条第 1 款规定，各级监察委员会可以向本级中国共产党机关、国家机关、法律法规授权或者委托管理公共事务的组织和单位以及所管辖的行政区域、国有企业等派驻或者派出监察机构、监察专员。

3. AC，解析：根据《监察法》第 17 条第 2 款规定，监察机关认为所管辖的监察事项重大、复杂，需要由上级监察机关管辖的，可以报请上级监察机关管辖。

4. BD，解析：根据《监察法》第 20 条第 2 款规定，对涉嫌贪污贿赂、失职渎职等职务犯罪的被调查人，监察机关可以进行讯问，要求其如实供述涉嫌犯罪的情况。

5. ABCD，解析：根据《监察法》第 22 条第 1 款规定，被调查人涉嫌贪污贿赂、失职渎职等严重职务违法或者职务犯罪，监察机关已经掌握其部分违法犯罪事实及证据，仍有重要问题需要进一步调查，并有下列情形之一的，经监察机关依法审批，可以将其留置在特定场所：（1）涉及案情重大、复杂的；（2）可能逃跑、自杀的；（3）可能串供或者伪造、隐匿、毁灭证据的；（4）可能有其他妨碍调查行为的。

6. AC，解析：根据《监察法》第 23 条第 1 款规定，监察机关调查涉嫌贪污贿赂、失职渎职等严重职务违法或者职务犯罪，根据工作需要，可以依照规定查询、冻结涉案单位和个人的存款、汇款、债券、股票、基金份额等财产。

7. ABC，解析：根据《监察法》第 24 条第 1 款规定，监察机关可以对涉嫌职务犯罪的被调查人以及可能隐藏被调查人或者犯罪证据的人的身体、物品、住处和其他有关地方进行搜查。

8. ABCD，解析：根据《监察法》第 34 条第 1 款规定，人民法院、人民检察院、公安机关、审计机关等国家机关在工作中发现公职人员涉嫌贪污贿赂、失职渎职等职务违法或者职务犯罪的问题线索，应当移送监察机关，由监察机关依法调查处置。

9. ABC，解析：根据《监察法》第 41 条第 2 款规定，调查人员进行讯问以及搜查、查封、扣押等重要取证工作，应当对全过程进行录音录像，留存备查。

10. ABC，解析：根据《监察法》第 55 条规定，监察机关通过设立内部专门的监督机构等方式，加强对监察人员执行职务和遵守法律情况的监督，建设忠诚、干净、担当的监察队伍。

11. ABCD，解析：根据《监察法》第 58 条规定，办理监察事项的监察人员有下列情形之一的，应当自行回避，监察对象、检举人及其他有关人员也有权要求其回避：（1）是监察对象或者检举人的近亲属的；(2) 担任过本案的证人的；(3) 本人或者其近亲属与办理的监察事项有利害关系的；(4) 有可能影响监察事项公正处理的其他情形的。

(四) 填空题

1. 独立；社会团体。(《监察法》第4条)
2. 标本兼治；道德教育；长效机制。(《监察法》第6条)
3. 监察机关；自治区；市辖区。(《监察法》第7条)
4. 任免；晋升。(《监察法》第14条)
5. 国家秘密；商业秘密；隐匿；毁灭。(《监察法》第18条)
6. 搜查证；家属；见证人。(《监察法》第24条)
7. 专门性；聘请；鉴定意见；签名。(《监察法》第27条)
8. 种类；适用对象；3个月；解除。(《监察法》第28条)
9. 非法方法；排除。(《监察法》第33条)
10. 协调；制约。(《监察法》第36条)
11. 情况报告；分类处理。(《监察法》第38条)
12. 专题会议；调查措施。(《监察法》第39条)
13. 备案；3个月。(《监察法》第43条)
14. 时间；签名。(《监察法》第44条)
15. 1个月；2次。(《监察法》第47条)
16. 司法协助；资产追回。(《监察法》第51条)
17. 涉案人员；报告；备案。(《监察法》第57条)
18. 不充分；违法；责任。(《监察法》第61条)

(五) 简答题

1. 答：根据《监察法》第11条规定，监察委员会依照本法和有关法律规定履行监督、调查、处置职责：(1) 对公职人员开展廉政教育，对其依法履职、秉公用权、廉洁从政从业以及道德操守情况进行监督检查；(2) 对涉嫌贪污贿赂、滥用职权、玩忽职守、权力寻租、利益输送、徇私舞弊以及浪费国家资财等职务违法和职务犯罪进行调查；（3）对违法的公职人员依法作出政务处分决定；对履行职责不力、失职失责的领导人员进行问责；对涉嫌职务犯罪的，将调查结果移送人民检察院依法审查、提起公诉；向监察对象所在单位提出监察建议。

2. 答：根据《监察法》第15条规定，监察机关对下列公职人员和有关人员进行监察：（1）中国共产党机关、人民代表大会及其常务委员会机关、人民政府、监察委员会、人民法院、人民检察院、中国人民政治协商会议各级委员会机关、民主党派机关和工商业联合会机关的公务员，以及参照《中华人民共和国公务员法》管理的人员；（2）法律、法规授权或者受国家机关依法委托管理公共事务的组织中从事公务的人员；（3）国有企业管理人员；（4）公办的教育、科研、文化、医疗卫生、体育等单位中从事管理的人员；（5）基层群众性自治组织中从事管理的人员；（6）其他依法履行公职的人员。

3. 答：根据《监察法》第31条规定，涉嫌职务犯罪的被调查人主动认罪认罚，有下列情形之一的，监察机关经领导人员集体研究，并报上一级监察机关批准，可以在移送人民检察院时提出从宽处罚的建议：（1）自动投案，真诚悔罪悔过的；（2）积极配合调查工作，如实供述监察机关还未掌握的违法犯罪行为的；（3）积极退赃，减少损失的；（4）具有重大立功表现或者案件涉及国家重大利益等情形的。

4. 答：根据《监察法》第45条规定，监察机关根据监督、调查结果，依法作出如下处置：（1）对有职务违法行为但情节较轻的公职人员，按照管理权限，直接或者委托有关机关、人员，进行谈话提醒、批评教育、责令检查，或者予以诫勉；（2）对违法的公职人员依照法定程序作出警告、记过、记大过、降级、撤职、开除等政务处分决定；（3）对不履行或者不正确履行职责负有责任的领导人员，按照管理权限对其直接作出问责决定，或者向有权作出问责决定的机关提出问责建议；（4）对涉嫌职务犯罪的，监察机关经调查认为犯罪事实清楚，证据确实、充分的，制作起诉意见书，连同案卷材料、证据一并移送人民检察院依法审查、提起公诉；（5）对监察对象所在单位廉政建设和履行职责存在的问题等提出监察建议。监察机关经调查，对没有证据证明被调查人存在违法犯罪行为的，应当撤销案件，并通知被调查人所在单位。

5. 答：根据《监察法》第52条规定，国家监察委员会加强对反腐败国际追逃追赃和防逃工作的组织协调，督促有关单位做好相关工作：（1）对于重大贪污贿赂、失职渎职等职务犯罪案件，被调查人逃匿到国（境）外，掌握证据比较确凿的，通过开展境外追逃合作，追捕归案；（2）向赃款赃物所在国请求查询、冻结、扣押、没收、追缴、返还涉案资产；（3）查询、监控涉嫌职务犯罪的公职人员及其相关人员进出国（境）和跨境资金流动情况，在调查案件过程中设置防逃程序。

6. 答：根据《监察法》第60条规定，监察机关及其工作人员有下列行为之一的，被调查人及其近亲属有权向该机关申诉：（1）留置法定期限届满，不予以解除的；（2）查封、扣押、冻结与案件无关的财物的；（3）应当解除查封、扣押、冻结措施而不解除的；（4）贪污、挪用、私分、调换以及违反规定使用查封、扣押、冻结的财物的；（5）其他违反法律法规、侵害被调查人合法权益的行为。受理申诉的监察机关应当在受理申诉之日起1个月内作出处理决定。申诉人对处理决定不服的，可以在收到处理决定之日起1个月内向上一级监察机关申请复查，上一级监察机关应当在收到复查申请之日起2个月内作出处理决定，情况属实的，及时予以纠正。

7. 答：根据《监察法》第65条规定，监察机关及其工作人员有下列行为之一的，对负有责任的领导人员和直接责任人员依法给予处理：（1）未经批准、授权处置问题线索，发现重大案情隐瞒不报，或者私自留存、处理涉案材料的；（2）利用职权或者职务上的影响干预调查工作、以案谋私的；（3）违法窃取、泄露调查工作信息，或者泄露举报事项、举报受理情况以及举报人信息的；（4）对被调查人或者涉案人员逼供、诱供，或者侮辱、打骂、虐待、体罚或者变相体罚的；（5）违反规定处置查封、扣押、冻结的财物的；（6）违反规定发生办案安全事故，或者发生安全事故后隐瞒不报、报告失实、处置不当的；（7）违反规定采取留置措施的；（8）违反规定限制他人出境，或者不按规定解除出境限制的；（9）其他滥用职权、玩忽职守、徇私舞弊的行为。

五、公职人员政务处分法

（一）判断题

1. 公职人员任免机关、单位应当按照管理权限，加强对公职人员的监督，依法给予违法的公职人员政务处分。(　　)
2. 给予公职人员政务处分，坚持党管干部原则，集体讨论决定。(　　)
3. 公职人员 2 人以上共同违法，给予相同的政务处分。(　　)
4. 在共同违法行为中起次要或者辅助作用，违法行为情节轻微的，可以免予或者不予政务处分。(　　)
5. 公职人员因犯罪被判处管制、拘役或者有期徒刑以上刑罚的，应当予以开除。(　　)
6. 公职人员因犯罪被单处或者并处剥夺政治权利的，应当予以开除。(　　)
7. 公职人员有违法行为，有关机关依照规定给予组织处理的，监察机关可以同时给予政务处分。(　　)
8. 公职人员被开除的，不得录用为公务员。(　　)。
9. 已经退休的公职人员退休前或者退休后有违法行为的，不再给予政务处分，但是应当按照规定相应调整其享受的待遇。(　　)
10. 弄虚作假，骗取职务、职级、衔级、级别、岗位和职员等级、职称、待遇、资格、学历、学位、荣誉、奖励或者其他利益的，予以警告、记过或者记大过；情节较重的，予以降级或者撤职；情节严重的，予以开除。(　　)

11. 泄露国家秘密、工作秘密，或者泄露因履行职责掌握的商业秘密、个人隐私，造成不良后果或者影响的，予以警告、记过或者记大过；情节较重的，予以降级或者撤职；情节严重的，予以开除。(　　)
12. 作出政务处分决定后，监察机关应当将调查认定的违法事实及拟给予政务处分的依据告知被调查人，听取被调查人的陈述和申辩，并对其陈述的事实、理由和证据进行核实，记录在案。(　　)
13. 监察机关或者上级监察机关发现参与违法案件调查、处理人员有应当回避情形的，可以直接决定该人员回避。(　　)
14. 公职人员涉嫌违法，已经被立案调查，不宜继续履行职责的，监察机关可以决定暂停其履行职务。(　　)
15. 监察机关发现本机关或者下级监察机关作出的政务处分决定确有错误的，应当及时予以纠正或者责令下级监察机关及时予以纠正。(　　)
16. 复审、复核期间，应当停止原政务处分决定的执行。(　　)
17. 有关机关拒不执行政务处分决定的，应当由监察机关责令改正，依法给予处理。(　　)

(二) 单项选择题

1. 下列哪一项不属于政务处分的种类？(　　)

A. 警告　　　　B. 记过

C. 开除　　　　D. 罚款

2. 公职人员有下列哪一情形的，可以免予或者不予政务处分？(　　)

A. 主动交代本人应当受到政务处分的违法行为的

B. 检举他人违纪违法行为，经查证属实的

C. 在共同违法行为中起次要或者辅助作用的

D. 违法行为情节轻微，主动上交或者退赔违法所得的

3. 对公职人员的下列情形，不应当从重给予政务处分的是：(　　)

A. 在政务处分期内再次因过失违法，应当受到政务处分的

B. 阻止他人检举、提供证据的

C. 包庇同案人员的

D. 胁迫、唆使他人实施违法行为的

4. 关于公职人员违法取得的财物，下列哪一种说法是不正确的？(　　)

A. 除依法应当由其他机关没收、追缴或者责令退赔的，由监察机关没收、追缴或者责令退赔

B. 应当退还原所有人或者原持有人的，依法予以退还

C. 属于国家财产的，上缴国库

D. 不应当退还以及无法退还的，予以提存

5. 公职人员的下列哪一行为不应当受到政务处分？(　　)

A. 默许特定关系人利用本人职权或者职务上的影响谋取私利的

B. 拒不按照规定纠正特定关系人违规任职、兼职或者从事经营活动，且不服从职务调整的

C. 接受、提供可能影响公正行使公权力的宴请、旅游、健身、娱乐等活动安排，情节较轻的

D. 违反规定公款消费的

6. 关于监察机关政务处分调查程序，下列说法哪一项是错误的？(　　)

A. 可以由一名工作人员进行

B. 有权依法向有关单位和个人了解情况，有关单位和个人应当如

实提供

C. 严禁以威胁、引诱、欺骗及其他非法方式收集证据

D. 以非法方式收集的证据不得作为给予政务处分的依据

7. 关于调查人员的回避，下列哪一项是不正确的？（　　）

A. 担任过本案的证人的调查人员，应当回避

B. 上级监察机关发现参与违法案件调查、处理人员有应当回避情形的，可以直接决定该人员回避

C. 监察机关负责人的回避，由上级监察机关决定

D. 其他参与违法案件调查、处理人员的回避，由本级监察机关讨论决定

8. 公职人员依法受到刑事责任追究，对此下列哪一种说法是正确的？（　　）

A. 监察机关不再给予政务处分

B. 监察机关仍可以自行调查，作出政务处分

C. 监察机关应当根据司法机关的生效判决、裁定、决定及其认定的事实和情节，给予政务处分

D. 应由该公职人员所在单位对其作出处分

9. 公职人员依法受到行政处罚的，对此下列哪一种说法是正确的？（　　）

A. 不影响监察机关对其给予政务处分

B. 监察机关应当给予其政务处分

C. 监察机关对其作出政务处分，无须再经立案调查核实

D. 监察机关作出政务处分的，应当根据行政处罚决定认定的事实和情节作出

10. 司法机关、行政机关依法改变原生效判决、裁定、决定等，对原政务处分决定产生影响的，监察机关应当如何处理？（　　）

A. 无需对原政务处分作出处理

B. 应当撤销原政务处分

C. 应当重新立案调查，重新作出处分决定

D. 应当根据改变后的判决、裁定、决定等重新作出相应处理

11. 监察机关对各级人民代表大会代表给予政务处分的，应当(　　)。

A. 经该人民代表大会批准

B. 经该人民代表大会常务委员会批准

C. 向有关的人民代表大会通报

D. 向有关的人民代表大会常务委员会通报

12. 下级监察机关根据上级监察机关的指定管辖决定进行调查的案件，调查终结后，对不属于本监察机关管辖范围内的监察对象，应当如何处理？(　　)

A. 交有管理权限的监察机关依法作出政务处分决定

B. 自行作出政务处分决定

C. 提请上级监察机关作出政务处分决定

D. 提请上级监察机关重新指定有管理权限的监察机关作出政务处分决定

13. 公职人员在被监察机关立案调查期间，下列做法哪一项是不正确的？(　　)

A. 未经监察机关同意，不得出境

B. 不得晋升职务

C. 不得办理退休手续

D. 公职人员所在机关可以对其作出处分

14. 对于受到降级以上政务处分的，应当由人事部门按照管理权限在作出政务处分决定后(　　)个月内办理职务、工资及其他有关待遇等的变更手续；特殊情况下，经批准可以适当延长办理期

限，但是最长不得超过(　　)个月。

A. 1；6　　B. 2；6

C. 1；3　　D. 1；12

15. 公职人员对监察机关作出的涉及本人的政务处分决定不服，可以采取的救济措施是：(　　)

A. 直接向上一级监察机关申请复核

B. 向上一级监察机关投诉

C. 依法向作出决定的监察机关申请复审

D. 向人民法院提起行政诉讼

16. 因监察机关的过错导致政务处分被撤销的，对相关公职人员薪酬待遇受到的损失应当(　　)。

A. 予以赔偿　　B. 予以补偿

C. 不予赔偿　　D. 不予补偿

(三) 多项选择题

1. 关于政务处分的期间，下列说法正确的是：(　　)

A. 记过，6 个月　　B. 记大过，12 个月

C. 降级，24 个月　　D. 撤职，24 个月

2. 下列情形可以免予或者不予政务处分的是：(　　)

A. 违法行为情节轻微，并主动交代本人应当受到政务处分的违法行为的

B. 主动采取措施，有效避免、挽回损失或者消除不良影响的

C. 因不明真相被裹挟或者被胁迫参与违法活动，经批评教育后确有悔改表现的

D. 在共同违法行为中起次要或者辅助作用，经批评教育后确有悔改表现的

3. 公职人员犯罪，有下列哪些情形之一的，予以开除？（　　）

A. 因故意犯罪被判处有期徒刑 1 年的

B. 因过失犯罪被判处有期徒刑 5 年的

C. 因犯罪被剥夺政治权利的

D. 因犯罪被单处罚金，造成不良影响的

4. 公职人员有两个以上违法行为的，应当如何处理？（　　）

A. 分别确定政务处分

B. 给予两种以上政务处分的，执行其中最重的政务处分

C. 给予撤职以下多个相同政务处分的，执行其中最重的政务处分

D. 给予撤职以下多个相同政务处分的，处分期最长不得超过 2 年

5. 对于公职人员的处分，下列哪些说法是不正确的？（　　）

A. 对公职人员的同一违法行为，监察机关和公职人员任免机关、单位不得重复给予政务处分和处分

B. 公职人员有违法行为，有关机关依照规定给予组织处理的，监察机关不再给予政务处分

C. 担任领导职务的公职人员有违法行为，被免去领导职务的，监察机关不再给予政务处分

D. 担任领导职务的公职人员有违法行为，主动辞去领导职务的，监察机关不再给予政务处分

6. 张某受到撤职的政务处分，关于处分的解除，下列哪些选项是错误的？（　　）

A. 在政务处分期内有悔改表现，并且没有再发生应当给予政务处分的违法行为的，由监察机关作出解除处分的决定

B. 解除处分的，晋升职务、职级、衔级、级别、岗位和职员等级、职称、薪酬待遇不再受原政务处分影响

C. 解除处分的，不恢复原职务、职级、衔级、级别、岗位和职员

等级、职称、薪酬待遇

D. 处分期满后即自动解除

7. 对已经退休的公职人员在退休后的违法行为，下列哪些说法是正确的？（　　）

A. 应当给予政务处分

B. 可以对其立案调查

C. 降低其享受的待遇

D. 违法取得的财物，除依法应当由其他机关没收、追缴或者责令退赔的，由监察机关没收、追缴或者责令退赔

8. 对公职人员的下列哪些行为，应当予以政务处分？（　　）

A. 违反个人有关事项报告规定，隐瞒不报的

B. 篡改、伪造本人档案资料的

C. 拒不执行或者变相不执行、拖延执行上级依法作出的决定、命令的

D. 违反规定取得外国国籍或者获取境外永久居留资格、长期居留许可的

9. 关于监察机关政务处分程序，下列哪些说法是正确的？（　　）

A. 作出政务处分决定前，应当告知被调查人违法事实及拟给予政务处分的依据

B. 听取被调查人的陈述和申辩

C. 被调查人提出的事实、理由和证据成立的，应予采纳

D. 被调查人申辩的，可以对其加重处分

10. 调查终结后，监察机关作出的下列处理哪些是正确的？（　　）

A. 违法事实不能成立的，撤销案件

B. 符合免予、不予政务处分条件的，撤销案件

C. 确有应受政务处分的违法行为的，按照政务处分决定权限，

履行规定的审批手续后，作出政务处分决定

D. 被调查人涉嫌其他违法或者犯罪行为的，依法移送主管机关处理

11. 监察机关欲对经县级以上各级人民代表大会常务委员会决定任命的公职人员予以撤职、开除，其下列哪些做法是不正确的？（　　）

A. 可以直接作出政务处分决定

B. 应当经该人民代表大会常务委员会决定后，再作出政务处分决定

C. 应当先依法撤销或者免去其职务，再作出政务处分决定

D. 应当提请上一级监察机关作出政务处分决定

12. 有下列哪些情形之一的，复审、复核机关应当撤销原政务处分决定，重新作出决定或者责令原作出决定的监察机关重新作出决定？（　　）

A. 政务处分所依据的违法事实不清

B. 政务处分所依据的证据不足的

C. 违反法定程序的

D. 超越职权作出政务处分决定的

13. 有下列哪些情形之一的，复审、复核机关应当变更原政务处分决定，或者责令原作出决定的监察机关予以变更？（　　）

A. 适用法律、法规确有错误的

B. 滥用职权作出政务处分决定的

C. 对违法行为的情节认定确有错误的

D. 政务处分不当的

14. 有关机关、单位、组织或者人员有下列哪些情形之一的，由其上级机关，主管部门，任免机关、单位或者监察机关责令改正，依

法给予处理？（ ）

A. 拒不配合或者阻碍调查的

B. 对检举人、证人或者调查人员进行打击报复的

C. 诬告陷害公职人员的

D. 拒不采纳监察建议的

（四）填空题

1. 公职人员依法履行职责受法律保护，非因____、非经____，不受政务处分。
2. 政务处分的种类包括：____、记过、____、____、____、____。
3. 政务处分决定自____之日起生效，政务处分期自____之日起计算。
4. 公职人员 2 人以上____，根据各自在违法行为中所起的作用和应当承担的法律责任，分别给予政务处分。
5. 在共同违法行为中起____或者____作用的，可以从轻或者减轻给予政务处分。
6. 在政务处分期内再次____违法，应当受到____的，应当从重给予政务处分。
7. 公职人员因犯罪被____罚金，或者犯罪情节轻微，人民检察院依法作出____决定或者人民法院依法____的，予以撤职；造成不良影响的，予以开除。
8. 公务员以及参照《中华人民共和国公务员法》管理的人员在政务处分期内，不得晋升____、____、____和____；其中，被记过、记大过、降级、撤职的，不得晋升____。被撤职的，按照规定降低职务、职级、衔级和级别，同时降低工资和待遇。
9. 公职人员因违法行为获得的职务、职级、衔级、级别、岗位和职员等级、职称、待遇、资格、学历、学位、荣誉、奖励等其他利

益，监察机关应当____有关机关、单位、组织按规定予以纠正。

10. 已经退休的公职人员退休前或者退休后有违法行为的，不再给予政务处分，但是可以对其____；依法应当予以降级、撤职、开除的，应当按照规定____其享受的待遇。

11. 违反____原则，个人或者少数人决定重大事项，或者拒不执行、擅自改变____作出的重大决定的，予以警告、记过或者记大过；情节严重的，予以降级或者撤职。

12. 违反规定从事或者参与____活动，或者违反规定____职务、领取报酬的，予以警告、记过或者记大过；情节较重的，予以降级或者撤职；情节严重的，予以开除。

13. 监察机关对涉嫌违法的公职人员进行调查，应当由____名以上工作人员进行。监察机关进行调查时，有权依法向有关单位和个人了解情况，收集、调取____。有关单位和个人应当____。

14. 作出政务处分决定前，监察机关应当将调查认定的____及拟给予政务处分的____告知被调查人，听取被调查人的____。不得因被调查人的申辩而____政务处分。

15. 政务处分决定书应当及时送达____，并____宣布。作出政务处分决定后，监察机关应当根据被处分人的具体身份____告知相关的机关、单位。

16. 监察机关对经中国人民政治协商会议各级委员会全体会议或者其常务委员会选举或者决定任命的公职人员予以撤职、开除的，应当先____，再依法作出政务处分决定。

17. 公职人员涉嫌违法，已经被立案调查，不宜继续履行职责的，公职人员任免机关、单位可以决定____其履行职务。

18. 监察机关在调查中发现公职人员受到不实检举、控告或者诬告陷害，造成不良影响的，应当按照规定及时____，____，消除不良影响。

19. 复审、复核期间，____原政务处分决定的执行。
20. 有关机关或者人员拒不配合或者阻碍调查的，由其____，____，____或者____责令改正，依法给予处理。

（五）简答题

1. 简述政务处分的种类及其处分期间。
2. 简述对公职人员可以从轻或者减轻给予政务处分的情形。
3. 简述对公职人员应当从重给予政务处分的情形。
4. 简述因公职人员犯罪予以开除的情形。
5. 简述在公职人员有两个以上违法行为时，应当如何作出政务处分。
6. 简述政务处分调查人员的回避事由。
7. 简述公职人员对政务处分的救济途径。
8. 简述政务处分决定被撤销后应当如何处理。

参考答案

（一）判断题

1. ×，解析：根据《公职人员政务处分法》第 3 条第 1 款规定，监察机关应当按照管理权限，加强对公职人员的监督，依法给予违法的公职人员政务处分。
2. √，解析：根据《公职人员政务处分法》第 4 条规定。
3. ×，解析：根据《公职人员政务处分法》第 9 条规定，公职人员 2 人以上共同违法，根据各自在违法行为中所起的作用和应当承担的法律责任，分别给予政务处分。
4. ×，解析：根据《公职人员政务处分法》第 12 条第 1 款规定，公职人员违法行为情节轻微，且具有本法第 11 条规定的情形之一的，可以对其进行谈话提醒、批评教育、责令检查或者予以诫勉，免予或者不予政务处分。

5. ×，解析：根据《公职人员政务处分法》第 14 条第 1 款第 1 项规定，公职人员因故意犯罪被判处管制、拘役或者有期徒刑以上刑罚（含宣告缓刑）的，予以开除。根据第 14 条第 2 款规定，因过失犯罪被判处管制、拘役或者 3 年以下有期徒刑的，一般应当予以开除；案件情况特殊，予以撤职更为适当的，可以不予开除，但是应当报请上一级机关批准。
6. √，解析：根据《公职人员政务处分法》第 14 条规定。
7. √，解析：根据《公职人员政务处分法》第 17 条规定。
8. √，解析：根据《公职人员政务处分法》第 24 条规定。
9. ×，解析：根据《公职人员政务处分法》第 27 条第 1 款规定，已经退休的公职人员退休前或者退休后有违法行为的，不再给予政务处分，但是可以对其立案调查；依法应当予以降级、撤职、开除的，应当按照规定相应调整其享受的待遇，对其违法取得的财物和用于违法行为的本人财物依照本法第 25 条的规定处理。
10. √，解析：根据《公职人员政务处分法》第 32 条规定。
11. √，解析：根据《公职人员政务处分法》第 39 条规定。
12. ×，解析：根据《公职人员政务处分法》第 43 条规定，作出政务处分决定前，监察机关应当将调查认定的违法事实及拟给予政务处分的依据告知被调查人，听取被调查人的陈述和申辩，并对其陈述的事实、理由和证据进行核实，记录在案。
13. √，解析：根据《公职人员政务处分法》第 48 条规定。
14. ×，解析：根据《公职人员政务处分法》第 52 条第 1 款规定，公职人员涉嫌违法，已经被立案调查，不宜继续履行职责的，公职人员任免机关、单位可以决定暂停其履行职务。

15. √，解析：根据《公职人员政务处分法》第 55 条规定。

16. ×，解析：根据《公职人员政务处分法》第 56 条第 1 款规定，复审、复核期间，不停止原政务处分决定的执行。

17. ×，解析：根据《公职人员政务处分法》第 62 条第 1 项规定，有关机关、单位、组织或者人员拒不执行政务处分决定的，由其上级机关，主管部门，任免机关、单位或者监察机关责令改正，依法给予处理。

（二）单项选择题

1. D，解析：根据《公职人员政务处分法》第 7 条规定，政务处分的种类为：（1）警告；（2）记过；（3）记大过；（4）降级；（5）撤职；（6）开除。

2. D，解析：根据《公职人员政务处分法》第 11 条规定，公职人员有下列情形之一的，可以从轻或者减轻给予政务处分：（1）主动交代本人应当受到政务处分的违法行为的；（2）配合调查，如实说明本人违法事实的；（3）检举他人违纪违法行为，经查证属实的；（4）主动采取措施，有效避免、挽回损失或者消除不良影响的；（5）在共同违法行为中起次要或者辅助作用的；（6）主动上交或者退赔违法所得的；（7）法律、法规规定的其他从轻或者减轻情节。根据第 12 条第 1 款规定，公职人员违法行为情节轻微，且具有本法第 11 条规定的情形之一的，可以对其进行谈话提醒、批评教育、责令检查或者予以诫勉，免予或者不予政务处分。

3. A，解析：根据《公职人员政务处分法》第 13 条第 1 项规定，公职人员在政务处分期内再次故意违法，应当受到政务处分的，应当从重给予政务处分。据此，过失违法的不从重给予政务处分。

4. D，解析：根据《公职人员政务处分法》第 25 条第 1 款规定，公职人员违法取得的财物和用于违法行为的本人财物，除依法应当由其他机关没收、追缴或者责令退赔的，由监察机关没收、追缴或者责令退赔；应当退还原所有人或者原持有人的，依法予以退还；属于国家财产或者不应当退还以及无法退还的，上缴国库。

5. C，解析：根据《公职人员政务处分法》第33条、第34条、第35条规定。其中，根据第34条第2款规定，接受、提供可能影响公正行使公权力的宴请、旅游、健身、娱乐等活动安排，情节较重的，才予以政务处分。

6. A，解析：根据《公职人员政务处分法》第42条规定，监察机关对涉嫌违法的公职人员进行调查，应当由2名以上工作人员进行。监察机关进行调查时，有权依法向有关单位和个人了解情况，收集、调取证据。有关单位和个人应当如实提供情况。严禁以威胁、引诱、欺骗及其他非法方式收集证据。以非法方式收集的证据不得作为给予政务处分的依据。

7. D，解析：根据《公职人员政务处分法》第47条、第48条规定，担任过本案的证人的调查人员应当自行回避，被调查人、检举人及其他有关人员也有权要求其回避。监察机关负责人的回避，由上级监察机关决定；其他参与违法案件调查、处理人员的回避，由监察机关负责人决定。监察机关或者上级监察机关发现参与违法案件调查、处理人员有应当回避情形的，可以直接决定该人员回避。

8. C，解析：根据《公职人员政务处分法》第49条第1款规定，公职人员依法受到刑事责任追究的，监察机关应当根据司法机关的生效判决、裁定、决定及其认定的事实和情节，依照本法规定给予政务处分。

9. A，解析：根据《公职人员政务处分法》第49条第2款规定，公职人员依法受到行政处罚，应当给予政务处分的，监察机关可以根据行政处罚决定认定的事实和情节，经立案调查核实后，依照本法给予政务处分。

10. D，解析：根据《公职人员政务处分法》第49条第3款规定，监察机关根据本条第 1 款、第 2 款的规定作出政务处分后，司法机关、行政机关依法改变原生效判决、裁定、决定等，对原政务处分决定产生影响的，监察机关应当根据改变后的判决、裁定、决定等重新作出相应处理。

11. D，解析：根据《公职人员政务处分法》第 50 条第 3 款规定，监察机关对各级人民代表大会代表、中国人民政治协商会议各级委员会委员给予政务处分的，应当向有关的人民代表大会常务委员会，乡、民族乡、镇的人民代表大会主席团或者中国人民政治协商会议委员会常务委员会通报。

12. A，解析：根据《公职人员政务处分法》第 51 条规定，下级监察机关根据上级监察机关的指定管辖决定进行调查的案件，调查终结后，对不属于本监察机关管辖范围内的监察对象，应当交有管理权限的监察机关依法作出政务处分决定。

13. D，解析：根据《公职人员政务处分法》第 52 条第 2 款规定，公职人员在被立案调查期间，未经监察机关同意，不得出境、辞去公职；被调查公职人员所在机关、单位及上级机关、单位不得对其交流、晋升、奖励、处分或者办理退休手续。

14. A，解析：根据《公职人员政务处分法》第 54 条规定，公职人员受到政务处分的，应当将政务处分决定书存入其本人档案。对于受到降级以上政务处分的，应当由人事部门按照管理权限在作出政务处分决定后 1 个月内办理职务、工资及其他有关待遇等的变更手续；特殊情况下，经批准可以适当延长办理期限，但是最长不得超过 6 个月。

15. C，解析：根据《公职人员政务处分法》第 55 条第 1 款规定，公职人员对监察机关作出的涉及本人的政务处分决定不服的，可以依法向作出决定的监察机关申请复审；公职人员对复审决定仍不服的，可以向上一级监察机关申请复核。

16. B，解析：根据《公职人员政务处分法》第60条第2款规定，公职人员因有本法第57条、第58条规定的情形被撤销政务处分或者减轻政务处分的，应当对其薪酬待遇受到的损失予以补偿。

（三）多项选择题

1. CD，解析：根据《公职人员政务处分法》第8条第1款规定，政务处分的期间为：（1）警告，6个月；（2）记过，12个月；（3）记大过，18个月；（4）降级、撤职，24个月。

2. AC，解析：根据《公职人员政务处分法》第12条规定，公职人员违法行为情节轻微，且具有本法第11条规定的情形之一的，可以对其进行谈话提醒、批评教育、责令检查或者予以诫勉，免予或者不予政务处分。公职人员因不明真相被裹挟或者被胁迫参与违法活动，经批评教育后确有悔改表现的，可以减轻、免予或者不予政务处分。

3. ABCD，解析：根据《公职人员政务处分法》第14条规定，公职人员犯罪，有下列情形之一的，予以开除：（1）因故意犯罪被判处管制、拘役或者有期徒刑以上刑罚（含宣告缓刑）的；（2）因过失犯罪被判处有期徒刑，刑期超过3年的；（3）因犯罪被单处或者并处剥夺政治权利的。因过失犯罪被判处管制、拘役或者3年以下有期徒刑的，一般应当予以开除；案件情况特殊，予以撤职更为适当的，可以不予开除，但是应当报请上一级机关批准。公职人员因犯罪被单处罚金，或者犯罪情节轻微，人民检察院依法作出不起诉决定或者人民法院依法免予刑事处罚的，予以撤职；造成不良影响的，予以开除。

4. AB，解析：根据《公职人员政务处分法》第15条规定，公职人员有两个以上违法行为的，应当分别确定政务处分。应当给予两种以上政务处分的，执行其中最重的政务处分；应当给予撤职以下多个相同政务处分的，可以在一个政务处分期以上、多个政务处分期之和以下确定政务处分期，但是最长不得超过48个月。

5. BCD，解析：根据《公职人员政务处分法》第 16 条规定，对公职人员的同一违法行为，监察机关和公职人员任免机关、单位不得重复给予政务处分和处分。根据第 17 条规定，公职人员有违法行为，有关机关依照规定给予组织处理的，监察机关可以同时给予政务处分。根据第 18 条规定，担任领导职务的公职人员有违法行为，被罢免、撤销、免去或者辞去领导职务的，监察机关可以同时给予政务处分。
6. AD，解析：根据《公职人员政务处分法》第 26 条第 2 款规定，公职人员受到开除以外的政务处分，在政务处分期内有悔改表现，并且没有再发生应当给予政务处分的违法行为的，政务处分期满后自动解除，晋升职务、职级、衔级、级别、岗位和职员等级、职称、薪酬待遇不再受原政务处分影响。但是，解除降级、撤职的，不恢复原职务、职级、衔级、级别、岗位和职员等级、职称、薪酬待遇。
7. BD，解析：根据《公职人员政务处分法》第 27 条第 1 款规定，已经退休的公职人员退休前或者退休后有违法行为的，不再给予政务处分，但是可以对其立案调查；依法应当予以降级、撤职、开除的，应当按照规定相应调整其享受的待遇，对其违法取得的财物和用于违法行为的本人财物依照本法第 25 条的规定处理。
8. BCD，解析：根据《公职人员政务处分法》第 29 条第 2 款规定，违反个人有关事项报告规定，隐瞒不报，情节较重的，予以警告、记过或者记大过。据此，A 项需要情节严重，故错误。BCD 项分别符合《公职人员政务处分法》第 29 条第 3 款、第 30 条、第 31 条规定。
9. ABC，解析：根据《公职人员政务处分法》第 43 条规定，作出政务处分决定前，监察机关应当将调查认定的违法事实及拟给予政务处分的依据告知被调查人，听取被调查人的陈述和申辩，并对其陈述的事实、理由和证据进行核实，记录在案。被调查人提出的事实、理由和证据成立的，应予采纳。不得因被调查人的申辩而加重政务处分。

10. ACD，解析：根据《公职人员政务处分法》第44条规定，调查终结后，监察机关应当根据下列不同情况，分别作出处理：（1）确有应受政务处分的违法行为的，根据情节轻重，按照政务处分决定权限，履行规定的审批手续后，作出政务处分决定；（2）违法事实不能成立的，撤销案件；（3）符合免予、不予政务处分条件的，作出免予、不予政务处分决定；（4）被调查人涉嫌其他违法或者犯罪行为的，依法移送主管机关处理。

11. ABD，解析：根据《公职人员政务处分法》第50条第1款规定，监察机关对经各级人民代表大会、县级以上各级人民代表大会常务委员会选举或者决定任命的公职人员予以撤职、开除的，应当先依法罢免、撤销或者免去其职务，再依法作出政务处分决定。

12. ABD，解析：根据《公职人员政务处分法》第57条规定，有下列情形之一的，复审、复核机关应当撤销原政务处分决定，重新作出决定或者责令原作出决定的监察机关重新作出决定：（1）政务处分所依据的违法事实不清或者证据不足的；（2）违反法定程序，影响案件公正处理的；（3）超越职权或者滥用职权作出政务处分决定的。

13. ACD，解析：根据《公职人员政务处分法》第58条规定，有下列情形之一的，复审、复核机关应当变更原政务处分决定，或者责令原作出决定的监察机关予以变更：（1）适用法律、法规确有错误的；（2）对违法行为的情节认定确有错误的；（3）政务处分不当的。B项属于应予撤销的情形。

14. ABC，解析：根据《公职人员政务处分法》第62条规定，有关机关、单位、组织或者人员有下列情形之一的，由其上级机关，主管部门，任免机关、单位或者监察机关责令改正，依法给予处理：（1）拒不执行政务处分决定的；（2）拒不配合或者阻碍调查的；（3）对检举人、证人或者调查人员进行打击报复的；（4）诬告陷害公职人员的；（5）其他违反本法规定的情形。

(四) 填空题

1. 法定事由；法定程序。(《公职人员政务处分法》第6条)
2. 警告；记大过；降级；撤职；开除。(《公职人员政务处分法》第7条)
3. 作出；政务处分决定生效。(《公职人员政务处分法》第8条)
4. 共同违法。(《公职人员政务处分法》第9条)
5. 次要；辅助。(《公职人员政务处分法》第11条)
6. 故意；政务处分。(《公职人员政务处分法》第13条)
7. 单处；不起诉；免予刑事处罚。(《公职人员政务处分法》第14条)
8. 职务；职级；衔级；级别；工资档次。(《公职人员政务处分法》第19条)
9. 建议。(《公职人员政务处分法》第25条)
10. 立案调查；相应调整。(《公职人员政务处分法》第27条)
11. 民主集中制；集体。(《公职人员政务处分法》第30条)
12. 营利性；兼任。(《公职人员政务处分法》第36条)
13. 2；证据；如实提供情况。(《公职人员政务处分法》第42条)
14. 违法事实；依据；陈述和申辩；加重。(《公职人员政务处分法》第43条)
15. 被处分人和被处分人所在机关、单位；在一定范围内；书面。(《公职人员政务处分法》第46条)
16. 依章程免去其职务。(《公职人员政务处分法》第50条)
17. 暂停。(《公职人员政务处分法》第52条)
18. 澄清事实；恢复名誉。(《公职人员政务处分法》第53条)
19. 不停止。(《公职人员政务处分法》第56条)
20. 上级机关；主管部门；任免机关、单位；监察机关。(《公职人员政务处分法》第62条)

（五）简答题

1. 答：根据《公职人员政务处分法》第7条规定，政务处分的种类为：（1）警告；（2）记过；（3）记大过；（4）降级；（5）撤职；（6）开除。根据第8条规定，政务处分的期间为：（1）警告，6个月；（2）记过，12个月；（3）记大过，18个月；（4）降级、撤职，24个月。政务处分决定自作出之日起生效，政务处分期自政务处分决定生效之日起计算。
2. 答：根据《公职人员政务处分法》第11条规定，公职人员有下列情形之一的，可以从轻或者减轻给予政务处分：（1）主动交代本人应当受到政务处分的违法行为的；（2）配合调查，如实说明本人违法事实的；（3）检举他人违纪违法行为，经查证属实的；（4）主动采取措施，有效避免、挽回损失或者消除不良影响的；（5）在共同违法行为中起次要或者辅助作用的；（6）主动上交或者退赔违法所得的；（7）法律、法规规定的其他从轻或者减轻情节。
3. 答：根据《公职人员政务处分法》第13条规定，公职人员有下列情形之一的，应当从重给予政务处分：（1）在政务处分期内再次故意违法，应当受到政务处分的；（2）阻止他人检举、提供证据的；（3）串供或者伪造、隐匿、毁灭证据的；（4）包庇同案人员的；（5）胁迫、唆使他人实施违法行为的；（6）拒不上交或者退赔违法所得的；（7）法律、法规规定的其他从重情节。
4. 答：根据《公职人员政务处分法》第14条规定，公职人员犯罪，有下列情形之一的，予以开除：（1）因故意犯罪被判处管制、拘役或者有期徒刑以上刑罚（含宣告缓刑）的；（2）因过失犯罪被判处有期徒刑，刑期超过3年的；（3）因犯罪被单处或者并处剥夺政治权利的。因过失犯罪被判处管制、拘役或者3年以下有期徒刑的，一般应当予以开除；案件情况特殊，予以撤职更为适当的，可以不予开除，但是应当报请上一级机关批准。公职人员因犯罪被单处罚金，或者犯罪情节轻微，人民检察院依法作出不起诉决定或者人民法院依法免予刑事处罚的，予以撤职；造成不良影响的，予以开除。

5. 答：根据《公职人员政务处分法》第 15 条规定，公职人员有两个以上违法行为的，应当分别确定政务处分。应当给予两种以上政务处分的，执行其中最重的政务处分；应当给予撤职以下多个相同政务处分的，可以在一个政务处分期以上、多个政务处分期之和以下确定政务处分期，但是最长不得超过 48 个月。

6. 答：根据《公职人员政务处分法》第 47 条规定，参与公职人员违法案件调查、处理的人员有下列情形之一的，应当自行回避，被调查人、检举人及其他有关人员也有权要求其回避：（1）是被调查人或者检举人的近亲属的；（2）担任过本案的证人的；（3）本人或者其近亲属与调查的案件有利害关系的；（4）可能影响案件公正调查、处理的其他情形。

7. 答：根据《公职人员政务处分法》第 55 条第 1 款规定，公职人员对监察机关作出的涉及本人的政务处分决定不服的，可以依法向作出决定的监察机关申请复审；公职人员对复审决定仍不服的，可以向上一级监察机关申请复核。

8. 答：根据《公职人员政务处分法》第 60 条规定，公职人员政务处分决定被撤销的，应当恢复该公职人员的级别、薪酬待遇，按照原职务、职级、衔级、岗位和职员等级安排相应的职务、职级、衔级、岗位和职员等级，并在原政务处分决定公布范围内为其恢复名誉。没收、追缴财物错误的，应当依法予以返还、赔偿。公职人员因有本法第 57 条、第 58 条规定的情形被撤销政务处分或者减轻政务处分的，应当对其薪酬待遇受到的损失予以补偿。

六、治安管理处罚法

（一）判断题

1. 实施治安管理处罚，应当公开、公正，尊重和保障人权，保护公民的人格尊严。（　　）
2. 已满 12 周岁不满 18 周岁的人违反治安管理的，从轻或者减轻处罚；不满 12 周岁的人违反治安管理的，不予处罚，但是应当责令其监护人严加管教。（　　）
3. 冒用宗教、气功名义进行扰乱社会秩序、损害他人身体健康活动的，处 10 日以上 15 日以下拘留，可以并处 1000 元以下罚款；情节较轻的，处 5 日以上 10 日以下拘留，可以并处 500 元以下罚款。（　　）
4. 公安机关及其人民警察对治安案件的调查，应当依法进行。严禁刑讯逼供或者采用威胁、引诱、欺骗等非法手段收集证据。（　　）
5. 对违反治安管理行为人，公安机关传唤后应当及时询问查证，询问查证的时间不得超过 12 小时；情况复杂，依照规定可能适用行政拘留处罚的，询问查证的时间不得超过 24 小时。（　　）
6. 公安机关对与违反治安管理的妇女的身体进行检查时，应当由女医师进行。（　　）
7. 公安机关及其人民警察应当依法、公正、严格、高效办理治安案件，文明执法，不得徇私舞弊。（　　）

（二）单项选择题

1. 醉酒的人在醉酒状态中，对本人有危险或者对他人的人身、财产或者公共安全有威胁的，应当对其采取(　　)保护性措施约束至酒醒。

A. 强制性　　B. 保护性

C. 保障性　　D. 暴力性

2. 有两种以上违反治安管理行为的，分别决定，合并执行。行政拘留处罚合并执行的，最长不超过(　　)日。

A. 15　　B. 18

C. 20　　D. 30

3. 扰乱机关、团体、企业、事业单位秩序，致使工作、生产、营业、医疗、教学、科研不能正常进行，(　　)的，处警告或者 200 元以下罚款；情节较重的，处 5 日以上 10 日以下拘留，可以并处 500 元以下罚款。

A. 尚未造成严重损失　　B. 尚未造成损失

C. 造成严重损失　　D. 造成损失

4. 阻碍(　　)依法执行职务的，处警告或者 200 元以下罚款；情节严重的，处 5 日以上 10 日以下拘留，可以并处 500 元以下罚款。

A. 国家公务员　　B. 国家公职人员

C. 国家工作人员　　D. 国家机关工作人员

5. 治安管理处罚由县级以上人民政府公安机关决定；其中警告、(　　)元以下的罚款可以由公安派出所决定。

A. 100　　B. 200

C. 500　　D. 1000

(三) 多项选择题

1. 治安管理处罚必须以事实为依据，与违反治安管理行为的(　　)相当。

A. 性质　　B. 起因

C. 情节　　D. 社会危害程度

2. 治安管理处罚的种类分为：(　　)

A. 警告

B. 罚款

C. 行政拘留

D. 吊销公安机关发放的许可证

3. 对违反治安管理的人减轻处罚或者不予处罚的情形有：(　　)

A. 主动消除或者减轻违法后果，并取得被侵害人谅解的

B. 出于他人胁迫或者诱骗的

C. 主动投案，向公安机关如实陈述自己的违法行为的

D. 有立功表现的

4. 投放虚假的(　　)物质或者传染病病原体等危险物质扰乱公共秩序的，处5日以上10日以下拘留，可以并处500元以下罚款；情节较轻的，处5日以下拘留或者500元以下罚款。

A. 爆炸性　　B. 毒害性

C. 放射性　　D. 腐蚀性

5. 公安机关及其人民警察在办理治安案件时，对涉及的(　　)，应当予以保密。

A. 违纪信息　　B. 国家秘密

C. 商业秘密　　D. 个人隐私

6. 公安机关作出(　　)的治安管理处罚决定前，应当告知违反治安

管理行为人有权要求举行听证；违反治安管理行为人要求听证的，公安机关应当及时依法举行听证。

A. 吊销许可证　　B. 行政拘留

C. 处 1000 元以上罚款　　D. 处 2000 元以上罚款

7. 公安机关认为暂缓执行行政拘留不致发生社会危险的，由被处罚人或者其近亲属提出符合条件担保人，行政拘留的处罚决定暂缓执行。下列属于担保人条件的是：(　　)

A. 与本案无牵连

B. 享有政治权利，人身自由未受到限制

C. 在当地有常住户口和固定住所

D. 有能力履行担保义务

(四) 填空题

1. 违反治安管理的行为对他人造成损害的，行为人或者其____应当依法承担____责任。

2. 违反治安管理行为人已满____周岁不满 18 周岁，____违反治安管理的，依照《治安管理处罚法》应当给予行政拘留处罚的，____行政拘留处罚。

3. 非法携带____或者弩、匕首等国家规定的____的，处 5 日以下拘留，可以并处 500 元以下罚款；情节较轻的，处警告或者____元以下罚款。

4. 煽动、____非法集会、游行、示威，____的，处 10 日以上 15 日以下拘留。

5. 需要传唤违反治安管理行为人接受调查的，经公安机关办案部门负责人批准，使用____传唤。对现场发现的违反治安管理行为人，人民警察经出示____，可以口头传唤，但应当在____中注明。

6. 公安机关办理治安案件的期限，自受理之日起不得超过____日；案情____的，经上一级公安机关批准，可以延长30日。
7. 公安机关依法实施罚款处罚，应当依照有关法律、行政法规的规定，实行罚款决定与罚款____；收缴的罚款应当全部上缴____。

(五) 简答题

1. 简述治安案件调查结束后，公安机关应当作出的处理。
2. 简述治安管理处罚决定书应载明的内容。
3. 简述人民警察可以当场收缴罚款的情形。

参考答案

(一) 判断题

1. √，解析：根据《治安管理处罚法》第5条规定。
2. ×，解析：根据《治安管理处罚法》第12条规定，已满14周岁不满18周岁的人违反治安管理的，从轻或者减轻处罚；不满14周岁的人违反治安管理的，不予处罚，但是应当责令其监护人严加管教。
3. √，解析：根据《治安管理处罚法》第27条规定。
4. √，解析：根据《治安管理处罚法》第79条规定。
5. ×，解析：根据《治安管理处罚法》第83条第1款规定，对违反治安管理行为人，公安机关传唤后应当及时询问查证，询问查证的时间不得超过8小时；情况复杂，依照本法规定可能适用行政拘留处罚的，询问查证的时间不得超过24小时。
6. ×，解析：根据《治安管理处罚法》第87条规定，公安机关对与违反治安管理行为有关的场所、物品、人身可以进行检查。检查妇女的身体，应当由女性工作人员进行。
7. √，解析：根据《治安管理处罚法》第112条规定。

（二）单项选择题

1. B，解析：根据《治安管理处罚法》第15条规定，醉酒的人违反治安管理的，应当给予处罚。醉酒的人在醉酒状态中，对本人有危险或者对他人的人身、财产或者公共安全有威胁的，应当对其采取保护性措施约束至酒醒。
2. C，解析：根据《治安管理处罚法》第16条规定，有两种以上违反治安管理行为的，分别决定，合并执行。行政拘留处罚合并执行的，最长不超过20日。
3. A，解析：根据《治安管理处罚法》第23条规定，有下列行为之一的，处警告或者200元以下罚款；情节较重的，处5日以上10日以下拘留，可以并处500元以下罚款：（1）扰乱机关、团体、企业、事业单位秩序，致使工作、生产、营业、医疗、教学、科研不能正常进行，尚未造成严重损失的；（2）扰乱车站、港口、码头、机场、商场、公园、展览馆或者其他公共场所秩序的；（3）扰乱公共汽车、电车、火车、船舶、航空器或者其他公共交通工具上的秩序的；（4）非法拦截或者强登、扒乘机动车、船舶、航空器以及其他交通工具，影响交通工具正常行驶的；（5）破坏依法进行的选举秩序的。聚众实施前款行为的，对首要分子处10日以上15日以下拘留，可以并处1000元以下罚款。
4. D，解析：根据《治安管理处罚法》第50条第1款规定，有下列行为之一的，处警告或者200元以下罚款；情节严重的，处5日以上10日以下拘留，可以并处500元以下罚款：（1）拒不执行人民政府在紧急状态情况下依法发布的决定、命令的；（2）阻碍国家机关工作人员依法执行职务的；（3）阻碍执行紧急任务的消防车、救护车、工程抢险车、警车等车辆通行的；（4）强行冲闯公安机关设置的警戒带、警戒区的。
5. C，解析：根据《治安管理处罚法》第91条规定，治安管理处罚由县级以上人民政府公安机关决定；其中警告、500 元以下的罚款可以由公安派出所决定。

（三）多项选择题

1. ACD，解析：根据《治安管理处罚法》第 5 条第 1 款规定，治安管理处罚必须以事实为依据，与违反治安管理行为的性质、情节以及社会危害程度相当。
2. ABCD，解析：根据《治安管理处罚法》第 10 条规定，治安管理处罚的种类分为：（1）警告；（2）罚款；（3）行政拘留；（4）吊销公安机关发放的许可证。对违反治安管理的外国人，可以附加适用限期出境或者驱逐出境。
3. ABCD，解析：根据《治安管理处罚法》第 19 条规定，违反治安管理有下列情形之一的，减轻处罚或者不予处罚：（1）情节特别轻微的；（2）主动消除或者减轻违法后果，并取得被侵害人谅解的；（3）出于他人胁迫或者诱骗的；（4）主动投案，向公安机关如实陈述自己的违法行为的；（5）有立功表现的。
4. ABCD，解析：根据《治安管理处罚法》第 25 条规定，有下列行为之一的，处 5 日以上 10 日以下拘留，可以并处 500 元以下罚款；情节较轻的，处 5 日以下拘留或者 500 元以下罚款：（1）散布谣言，谎报险情、疫情、警情或者以其他方法故意扰乱公共秩序的；（2）投放虚假的爆炸性、毒害性、放射性、腐蚀性物质或者传染病病原体等危险物质扰乱公共秩序的；（3）扬言实施放火、爆炸、投放危险物质扰乱公共秩序的。
5. BCD，解析：根据《治安管理处罚法》第 80 条规定，公安机关及其人民警察在办理治安案件时，对涉及的国家秘密、商业秘密或者个人隐私，应当予以保密。
6. AD，解析：根据《治安管理处罚法》第 98 条规定，公安机关作出吊销许可证以及处 2000 元以上罚款的治安管理处罚决定前，应当告知违反治安管理行为人有权要求举行听证；违反治安管理行为人要求听证的，公安机关应当及时依法举行听证。

7. ABCD，解析：根据《治安管理处罚法》第 108 条规定，担保人应当符合下列条件：（1）与本案无牵连；（2）享有政治权利，人身自由未受到限制；（3）在当地有常住户口和固定住所；（4）有能力履行担保义务。

（四）填空题

1. 监护人；民事。（《治安管理处罚法》第 8 条）
2. 16；初次；不执行。（《治安管理处罚法》第 21 条）
3. 枪支、弹药；管制器具；200。（《治安管理处罚法》第 32 条）
4. 策划；不听劝阻。（《治安管理处罚法》第 55 条）
5. 传唤证；工作证件；询问笔录。（《治安管理处罚法》第 82 条）
6. 30；重大、复杂。（《治安管理处罚法》第 99 条）
7. 收缴分离；国库。（《治安管理处罚法》第 115 条）

（五）简答题

1. 答：根据《治安管理处罚法》第 95 条规定，治安案件调查结束后，公安机关应当根据不同情况，分别作出以下处理：（1）确有依法应当给予治安管理处罚的违法行为的，根据情节轻重及具体情况，作出处罚决定；（2）依法不予处罚的，或者违法事实不能成立的，作出不予处罚决定；（3）违法行为已涉嫌犯罪的，移送主管机关依法追究刑事责任；（4）发现违反治安管理行为人有其他违法行为的，在对违反治安管理行为作出处罚决定的同时，通知有关行政主管部门处理。
2. 答：根据《治安管理处罚法》第 96 条规定，公安机关作出治安管理处罚决定的，应当制作治安管理处罚决定书。决定书应当载明下列内容：（1）被处罚人的姓名、性别、年龄、身份证件的名称和号码、住址；（2）违法事实和证据；（3）处罚的种类和依据；（4）处罚的执行方式和期限；（5）对处罚决定不服，申请行政复议、提起行政诉讼的途径和期限；（6）作出处罚决定的公安机关的名称和作出决定的日期。决定书应当由作出处罚决定的公安机关加盖印章。

3. 答：根据《治安管理处罚法》第 104 条规定，受到罚款处罚的人应当自收到处罚决定书之日起 15 日内，到指定的银行缴纳罚款。但是，有下列情形之一的，人民警察可以当场收缴罚款：（1）被处 50 元以下罚款，被处罚人对罚款无异议的；（2）在边远、水上、交通不便地区，公安机关及其人民警察依照本法的规定作出罚款决定后，被处罚人向指定的银行缴纳罚款确有困难，经被处罚人提出的；（3）被处罚人在当地没有固定住所，不当场收缴事后难以执行的。

七、行政处罚法

（一）判断题

1. 行政法规可以设定限制人身自由的行政处罚。(　　)
2. 违法行为轻微并及时改正，没有造成危害后果的，不予行政处罚。(　　)
3. 违法行为构成犯罪，人民法院判处拘役或者有期徒刑时，行政机关已经给予当事人行政拘留的，经当事人申请，可以依法折抵相应刑期。(　　)
4. 公民、法人或者其他组织违反行政管理秩序的行为，依法应当给予行政处罚的，行政机关必须查明事实；违法事实不清、证据不足的，不得给予行政处罚。(　　)

（二）单项选择题

1. 对于已满 14 周岁不满 18 周岁的未成年人有违法行为的，下列哪一说法是正确的？(　　)

   A. 不予行政处罚

   B. 可以从轻行政处罚

   C. 可以减轻行政处罚

   D. 应当从轻或者减轻行政处罚

2. 2 个以上行政机关都有管辖权的，由(　　)行政机关管辖。

   A. 最先受理的　　B. 最先立案的

   C. 共同的上一级　　D. 当事人选择的

3. 限制人身自由的行政处罚权只能由(　　)和法律规定的其他机关行使。

A. 公安机关　　B. 监察机关

C. 检察机关　　D. 审判机关

4. 对当事人的同一个违法行为，不得给予(　　)次以上罚款的行政处罚。同一个违法行为违反多个法律规范应当给予罚款处罚的，按照罚款数额高的规定处罚。

A. 1　　B. 3

C. 2　　D. 4

5. 执法人员当场收缴的罚款，应当自收缴罚款之日起(　　)日内，交至行政机关；在水上当场收缴的罚款，应当自抵岸之日起(　　)日内交至行政机关；行政机关应当在(　　)日内将罚款缴付指定的银行。

A. 2；2；2　　B. 1；2；3

C. 2；3；3　　D. 3；3；3

(三) 多项选择题

1. 当事人(　　)，应当从轻或者减轻行政处罚。

A. 主动消除或者减轻违法行为危害后果的

B. 受他人胁迫或者诱骗实施违法行为的

C. 主动供述行政机关尚未掌握的违法行为的

D. 配合行政机关查处违法行为有立功表现的

2. 在行政机关负责人作出行政处罚的决定之前，应当由从事行政处罚决定法制审核的人员进行法制审核的情形有：(　　)

A. 涉及重大公共利益的

B. 直接关系当事人或者第三人重大权益，经过听证程序的

C. 案件情况疑难复杂、涉及多个法律关系的

D. 涉及多个当事人的

3. 行政处罚决定书应当载明的事项有：(　　)

A. 当事人的姓名或者名称、地址

B. 违反法律、法规、规章的事实和证据

C. 行政处罚的种类和依据

D. 行政处罚的履行方式和期限

4. 关于行政处罚听证程序，下列说法正确的是：(　　)

A. 当事人要求听证的，应当在行政机关告知后7日内提出

B. 行政机关应当在举行听证的5日前，通知当事人及有关人员听证的时间、地点

C. 当事人可以亲自参加听证，也可以委托1至2人代理

D. 听证应当制作笔录

5. 当事人逾期不履行行政处罚决定的，作出行政处罚决定的行政机关可以采取的措施有：(　　)

A. 到期不缴纳罚款的，每日按罚款数额的2%加处罚款，加处罚款的数额不得超出罚款的数额

B. 根据法律规定，将查封、扣押的财物拍卖、依法处理

C. 根据法律规定，将冻结的存款、汇款划拨抵缴罚款

D. 依照《行政强制法》的规定申请人民法院强制执行

（四）填空题

1. 尚未制定法律、法规的，地方政府规章对违反行政管理秩序的行为，可以设定____、____或者____的行政处罚。罚款的限额由____规定。

2. 国务院部门和省、自治区、直辖市人民政府及其有关部门应当

____组织评估行政处罚的实施情况和____，对不适当的行政处罚事项及种类、罚款数额等，应当提出修改或者废止的____。

3. 行政处罚应当由具有____的执法人员实施。执法人员不得少于____人，法律另有规定的除外。

4. 违法行为在____内未被发现的，不再给予行政处罚；涉及公民生命健康安全、金融安全且有危害后果的，上述期限延长至____。法律另有规定的除外。前款规定的期限，从违法行为____起计算；违法行为有连续或者继续状态的，从行为____起计算。

（五）简答题

1. 简述行政处罚的设定权。
2. 简述行政处罚的种类。
3. 简述行政处罚的听证程序。

参考答案

（一）判断题

1. ×，解析：根据《行政处罚法》第 11 条第 1 款规定，行政法规可以设定除限制人身自由以外的行政处罚。
2. √，解析：根据《行政处罚法》第 33 条规定。
3. ×，解析：根据《行政处罚法》第 35 条第 1 款规定，违法行为构成犯罪，人民法院判处拘役或者有期徒刑时，行政机关已经给予当事人行政拘留的，应当依法折抵相应刑期。
4. √，解析：根据《行政处罚法》第 40 条规定。

（二）单项选择题

1. D，解析：根据《行政处罚法》第 30 条规定，不满 14 周岁的未成年人有违法行为的，不予行政处罚，责令监护人加以管教；已满 14 周岁不满 18 周岁的未成年人有违法行为的，应当从轻或者减轻行政处罚。

2. B，解析：根据《行政处罚法》第 25 条第 1 款规定，2 个以上行政机关都有管辖权的，由最先立案的行政机关管辖。

3. A，解析：根据《行政处罚法》第 18 条第 3 款规定，限制人身自由的行政处罚权只能由公安机关和法律规定的其他机关行使。

4. C，解析：根据《行政处罚法》第 29 条规定，对当事人的同一个违法行为，不得给予 2 次以上罚款的行政处罚。同一个违法行为违反多个法律规范应当给予罚款处罚的，按照罚款数额高的规定处罚。

5. A，解析：根据《行政处罚法》第 71 条规定，执法人员当场收缴的罚款，应当自收缴罚款之日起 2 日内，交至行政机关；在水上当场收缴的罚款，应当自抵岸之日起 2 日内交至行政机关；行政机关应当在 2 日内将罚款缴付指定的银行。

（三）多项选择题

1. ABCD，解析：根据《行政处罚法》第 32 条规定，当事人有下列情形之一，应当从轻或者减轻行政处罚：（1）主动消除或者减轻违法行为危害后果的；（2）受他人胁迫或者诱骗实施违法行为的；（3）主动供述行政机关尚未掌握的违法行为的；（4）配合行政机关查处违法行为有立功表现的；（5）法律、法规、规章规定其他应当从轻或者减轻行政处罚的。

2. ABC，解析：根据《行政处罚法》第 58 条第 1 款规定，有下列情形之一，在行政机关负责人作出行政处罚的决定之前，应当由从事行政处罚决定法制审核的人员进行法制审核；未经法制审核或者审核未通过的，不得作出决定：（1）涉及重大公共利益的；（2）直接关系当事人或者第三人重大权益，经过听证程序的；（3）案件情况疑难复杂、涉及多个法律关系的；（4）法律、法规规定应当进行法制审核的其他情形。

3. ABCD，解析：根据《行政处罚法》第59条第1款规定，行政处罚决定书应当载明下列事项：（1）当事人的姓名或者名称、地址；（2）违反法律、法规、规章的事实和证据；（3）行政处罚的种类和依据；（4）行政处罚的履行方式和期限；（5）申请行政复议、提起行政诉讼的途径和期限；（6）作出行政处罚决定的行政机关名称和作出决定的日期。

4. CD，解析：根据《行政处罚法》第64条规定，听证应当依照以下程序组织：（1）当事人要求听证的，应当在行政机关告知后5日内提出；（2）行政机关应当在举行听证的7日前，通知当事人及有关人员听证的时间、地点；（3）除涉及国家秘密、商业秘密或者个人隐私依法予以保密外，听证公开举行；（4）听证由行政机关指定的非本案调查人员主持；当事人认为主持人与本案有直接利害关系的，有权申请回避；（5）当事人可以亲自参加听证，也可以委托1至2人代理；（6）当事人及其代理人无正当理由拒不出席听证或者未经许可中途退出听证的，视为放弃听证权利，行政机关终止听证；（7）举行听证时，调查人员提出当事人违法的事实、证据和行政处罚建议，当事人进行申辩和质证；（8）听证应当制作笔录。笔录应当交当事人或者其代理人核对无误后签字或者盖章。当事人或者其代理人拒绝签字或者盖章的，由听证主持人在笔录中注明。

5. BCD，解析：根据《行政处罚法》第72条第1款规定，当事人逾期不履行行政处罚决定的，作出行政处罚决定的行政机关可以采取下列措施：（1）到期不缴纳罚款的，每日按罚款数额的3%加处罚款，加处罚款的数额不得超出罚款的数额；（2）根据法律规定，将查封、扣押的财物拍卖、依法处理或者将冻结的存款、汇款划拨抵缴罚款；（3）根据法律规定，采取其他行政强制执行方式；（4）依照《中华人民共和国行政强制法》的规定申请人民法院强制执行。

（四）填空题

1. 警告；通报批评；一定数额罚款；省、自治区、直辖市人民代表大会常务委员会。（《行政处罚法》第 14 条）
2. 定期；必要性；建议。（《行政处罚法》第 15 条）
3. 行政执法资格；2。（《行政处罚法》第 42 条）
4. 2 年；5 年；发生之日；终了之日。（《行政处罚法》第 36 条）

（五）简答题

1. 答：根据《行政处罚法》第 10~16 条规定，行政处罚的设定权如下：

（1）法律可以设定各种行政处罚。限制人身自由的行政处罚，只能由法律设定。

（2）行政法规可以设定除限制人身自由以外的行政处罚。法律对违法行为未作出行政处罚规定，行政法规为实施法律，可以补充设定行政处罚。拟补充设定行政处罚的，应当通过听证会、论证会等形式广泛听取意见，并向制定机关作出书面说明。行政法规报送备案时，应当说明补充设定行政处罚的情况。

（3）地方性法规可以设定除限制人身自由、吊销营业执照以外的行政处罚。法律、行政法规对违法行为未作出行政处罚规定，地方性法规为实施法律、行政法规，可以补充设定行政处罚。拟补充设定行政处罚的，应当通过听证会、论证会等形式广泛听取意见，并向制定机关作出书面说明。地方性法规报送备案时，应当说明补充设定行政处罚的情况。

（4）尚未制定法律、行政法规的，国务院部门规章对违反行政管理秩序的行为，可以设定警告、通报批评或者一定数额罚款的行政处罚。罚款的限额由国务院规定。

（5）尚未制定法律、法规的，地方政府规章对违反行政管理秩序的行为，可以设定警告、通报批评或者一定数额罚款的行政处罚。罚款的限额由省、自治区、直辖市人民代表大会常务委员会规定。

(6) 除法律、法规、规章外，其他规范性文件不得设定行政处罚。

2. 答：根据《行政处罚法》第 9 条规定，行政处罚的种类：(1) 警告、通报批评；(2) 罚款、没收违法所得、没收非法财物；(3) 暂扣许可证件、降低资质等级、吊销许可证件；(4) 限制开展生产经营活动、责令停产停业、责令关闭、限制从业；(5) 行政拘留；(6) 法律、行政法规规定的其他行政处罚。

3. 答：根据《行政处罚法》第 64 条规定，听证应当依照以下程序组织：(1) 当事人要求听证的，应当在行政机关告知后 5 日内提出；(2) 行政机关应当在举行听证的 7 日前，通知当事人及有关人员听证的时间、地点；(3) 除涉及国家秘密、商业秘密或者个人隐私依法予以保密外，听证公开举行；(4) 听证由行政机关指定的非本案调查人员主持；当事人认为主持人与本案有直接利害关系的，有权申请回避；(5) 当事人可以亲自参加听证，也可以委托 1 至 2 人代理；(6) 当事人及其代理人无正当理由拒不出席听证或者未经许可中途退出听证的，视为放弃听证权利，行政机关终止听证；(7) 举行听证时，调查人员提出当事人违法的事实、证据和行政处罚建议，当事人进行申辩和质证；(8) 听证应当制作笔录。笔录应当交当事人或者其代理人核对无误后签字或者盖章。当事人或者其代理人拒绝签字或者盖章的，由听证主持人在笔录中注明。

八、行政强制法

（一）判断题

1. 行政强制的设定和实施，应当依照法定的权限、范围、条件和程序。(　　)
2. 法律对行政强制措施的对象、条件、种类作了规定的，行政法规、地方性法规可以作出适当扩大。(　　)
3. 违法行为涉嫌犯罪应当移送司法机关的，行政机关应当将查封、扣押、冻结的财物一并移送，并书面告知当事人。(　　)
4. 当事人收到催告书后有权进行陈述和申辩。行政机关应当充分听取当事人的意见，对当事人提出的事实、理由和证据，应当进行记录、复核。当事人提出的事实、理由或者证据成立的，行政机关应当采纳。(　　)
5. 当事人在法定期限内不申请行政复议或者提起行政诉讼，又不履行行政决定的，没有行政强制执行权的行政机关可以自期限届满之日起1个月内，申请人民法院强制执行。(　　)

（二）单项选择题

1. 下列不属于行政强制执行的方式的是：(　　)

   A. 划拨存款、汇款

   B. 代履行

   C. 罚款

   D. 拍卖扣押的财物

2. 关于行政机关实施行政强制措施应当遵守的规定，下列选项错误的是：(　　)

A. 出示执法身份证件

B. 通知当事人到场

C. 情况紧急，需要当场实施行政强制措施的，应当立即向行政机关负责人报告

D. 制作现场笔录

3. 关于冻结存款、汇款的程序，下列选项不正确的是：(　　)

A. 由法律规定的行政机关实施

B. 可以委托给其他行政机关或者组织实施

C. 冻结存款、汇款的数额应当与违法行为涉及的金额相当

D. 已被其他国家机关依法冻结的，不得重复冻结

4. 关于行政强制执行协议，下列选项不正确的是：(　　)

A. 不得损害公共利益和他人合法权益

B. 可以约定分阶段履行

C. 当事人采取补救措施的，可以减免加处的罚款或者滞纳金

D. 当事人不履行执行协议的，行政机关可以强制执行该协议

5. 人民法院接到行政机关强制执行的申请，应当在(　　)日内受理。行政机关对人民法院不予受理的裁定有异议的，可以在(　　)日内向上一级人民法院申请复议，上一级人民法院应当自收到复议申请之日起(　　)日内作出是否受理的裁定。

A. 5；15；15　　B. 15；30；30

C. 3；5；5　　D. 5；15；30

（三）多项选择题

1.《行政强制法》所称的行政强制，包括：(　　)

A. 行政强制措施　　B. 行政强制执行

C. 行政强制程序　　D. 行政强制履行

2. 下列属于行政强制措施的是：(　　)

A. 限制公民人身自由

B. 查封场所、设施或者财物

C. 扣押财物

D. 冻结存款、汇款

3. 下列属于可以查封、扣押的范围的是：(　　)

A. 涉案的场所　　B. 涉案的设施

C. 涉案的财物　　D. 涉案的生活必需品

4. 行政机关作出强制执行决定前，应当事先催告当事人履行义务。催告应当以书面形式作出，并载明(　　)。

A. 履行义务的期限

B. 履行义务的方式

C. 涉及金钱给付的，应当有明确的金额和给付方式

D. 当事人依法享有的陈述权和申辩权

5. 人民法院在作出强制执行的裁定前可以听取被执行人和行政机关的意见的情形有：(　　)

A. 明显缺乏事实根据的

B. 明显缺乏法律、法规依据的

C. 明显违法并损害被执行人合法权益的

D. 涉及多人利益的

(四) 填空题

1. 行政强制的设定和实施，应当适当。采用____可以达到行政管理目的的，不得设定和实施行政强制。

2. 查封、扣押应当由____、____规定的行政机关实施，其他任何行政机关或者组织不得实施。
3. 行政机关不得在____或者____实施行政强制执行。但是，情况紧急的除外。行政机关____对居民生活采取停止供水、供电、供热、供燃气等方式迫使当事人履行相关行政决定。
4. 行政机关依法作出金钱给付义务的行政决定，当事人逾期不履行的，行政机关可以依法加处____或者____。
5. 行政机关依法作出要求当事人履行排除妨碍、恢复原状等义务的行政决定，当事人逾期不履行，经____仍不履行，其后果已经或者将危害____、造成____或者破坏____的，行政机关可以代履行，或者委托____代履行。

（五）简答题

1. 简述行政强制执行的方式。
2. 简述行政机关实施限制公民人身自由的行政强制措施应当遵守的规定。
3. 简述行政机关应当及时作出解除查封、扣押决定的具体情形。

参考答案

（一）判断题

1. √，解析：根据《行政强制法》第 4 条规定。
2. ×，解析：根据《行政强制法》第 11 条第 1 款规定，法律对行政强制措施的对象、条件、种类作了规定的，行政法规、地方性法规不得作出扩大规定。
3. √，解析：根据《行政强制法》第 21 条规定。

4. √，解析：根据《行政强制法》第36条规定。

5. ×，解析：根据《行政强制法》第53条规定，当事人在法定期限内不申请行政复议或者提起行政诉讼，又不履行行政决定的，没有行政强制执行权的行政机关可以自期限届满之日起3个月内，依照本章规定申请人民法院强制执行。

（二）单项选择题

1. C，解析：根据《行政强制法》第12条规定，行政强制执行的方式：（1）加处罚款或者滞纳金；（2）划拨存款、汇款；（3）拍卖或者依法处理查封、扣押的场所、设施或者财物；（4）排除妨碍、恢复原状；（5）代履行；（6）其他强制执行方式。

2. C，解析：根据《行政强制法》第19条规定，情况紧急，需要当场实施行政强制措施的，行政执法人员应当在24小时内向行政机关负责人报告，并补办批准手续。行政机关负责人认为不应当采取行政强制措施的，应当立即解除。故C项错误。ABD项符合《行政强制法》第18条规定。

3. B，解析：根据《行政强制法》第29条规定，冻结存款、汇款应当由法律规定的行政机关实施，不得委托给其他行政机关或者组织；其他任何行政机关或者组织不得冻结存款、汇款。冻结存款、汇款的数额应当与违法行为涉及的金额相当；已被其他国家机关依法冻结的，不得重复冻结。

4. D，解析：根据《行政强制法》第42条规定，实施行政强制执行，行政机关可以在不损害公共利益和他人合法权益的情况下，与当事人达成执行协议。执行协议可以约定分阶段履行；当事人采取补救措施的，可以减免加处的罚款或者滞纳金。执行协议应当履行。当事人不履行执行协议的，行政机关应当恢复强制执行。

5. A，解析：根据《行政强制法》第56条规定，人民法院接到行政机关强制执行的申请，应当在5日内受理。行政机关对人民法院不予受理的裁定有异议的，可以在15日内向上一级人民法院申请复议，上一级人民法院应当自收到复议申请之日起15日内作出是否受理的裁定。

（三）多项选择题

1. AB，解析：根据《行政强制法》第2条规定，本法所称行政强制，包括行政强制措施和行政强制执行。行政强制措施，是指行政机关在行政管理过程中，为制止违法行为、防止证据损毁、避免危害发生、控制危险扩大等情形，依法对公民的人身自由实施暂时性限制，或者对公民、法人或者其他组织的财物实施暂时性控制的行为。行政强制执行，是指行政机关或者行政机关申请人民法院，对不履行行政决定的公民、法人或者其他组织，依法强制履行义务的行为。
2. ABCD，解析：根据《行政强制法》第9条规定，行政强制措施的种类：（1）限制公民人身自由；（2）查封场所、设施或者财物；（3）扣押财物；（4）冻结存款、汇款；（5）其他行政强制措施。
3. ABC，解析：根据《行政强制法》第23条第1款规定，查封、扣押限于涉案的场所、设施或者财物，不得查封、扣押与违法行为无关的场所、设施或者财物；不得查封、扣押公民个人及其所扶养家属的生活必需品。
4. ABCD，解析：根据《行政强制法》第35条规定，行政机关作出强制执行决定前，应当事先催告当事人履行义务。催告应当以书面形式作出，并载明下列事项：（1）履行义务的期限；（2）履行义务的方式；（3）涉及金钱给付的，应当有明确的金额和给付方式；（4）当事人依法享有的陈述权和申辩权。
5. ABC，解析：根据《行政强制法》第58条第1款规定，人民法院发现有下列情形之一的，在作出裁定前可以听取被执行人和行政机关的意见：（1）明显缺乏事实根据的；（2）明显缺乏法律、法规依据的；（3）其他明显违法并损害被执行人合法权益的。

（四）填空题

1. 非强制手段。（《行政强制法》第 5 条）
2. 法律；法规。（《行政强制法》第 22 条）
3. 夜间；法定节假日；不得。（《行政强制法》第 43 条）
4. 罚款；滞纳金。（《行政强制法》第 45 条）
5. 催告；交通安全；环境污染；自然资源；没有利害关系的第三人。（《行政强制法》第 50 条）

（五）简答题

1. 答：根据《行政强制法》第 12 条规定，行政强制执行的方式：（1）加处罚款或者滞纳金；（2）划拨存款、汇款；（3）拍卖或者依法处理查封、扣押的场所、设施或者财物；（4）排除妨碍、恢复原状；（5）代履行；（6）其他强制执行方式。
2. 答：根据《行政强制法》第 18 条规定，行政机关实施行政强制措施应当遵守下列规定：（1）实施前须向行政机关负责人报告并经批准；（2）由 2 名以上行政执法人员实施；（3）出示执法身份证件；（4）通知当事人到场；（5）当场告知当事人采取行政强制措施的理由、依据以及当事人依法享有的权利、救济途径；（6）听取当事人的陈述和申辩；（7）制作现场笔录；（8）现场笔录由当事人和行政执法人员签名或者盖章，当事人拒绝的，在笔录中予以注明；（9）当事人不到场的，邀请见证人到场，由见证人和行政执法人员在现场笔录上签名或者盖章；（10）法律、法规规定的其他程序。

   根据第 20 条规定，依照法律规定实施限制公民人身自由的行政强制措施，除应当履行本法第 18 条规定的程序外，还应当遵守下列规定：（1）当场告知或者实施行政强制措施后立即通知当事人家属实施行政强制措施的行政机关、地点和期限；（2）在紧急情况下当场实施行政强制措施的，在返回行政机关后，立即向行政机关负责人报告并补办批准手续；（3）法律规定的其他程序。实施限制人身自由的行政强制措施不得超过法定期限。实施行政强制措施的目的已经达到或者条件已经消失，应当立即解除。

3. 答：根据《行政强制法》第 28 条规定，有下列情形之一的，行政机关应当及时作出解除查封、扣押决定：（1）当事人没有违法行为；（2）查封、扣押的场所、设施或者财物与违法行为无关；（3）行政机关对违法行为已经作出处理决定，不再需要查封、扣押；（4）查封、扣押期限已经届满；（5）其他不再需要采取查封、扣押措施的情形。解除查封、扣押应当立即退还财物；已将鲜活物品或者其他不易保管的财物拍卖或者变卖的，退还拍卖或者变卖所得款项。变卖价格明显低于市场价格，给当事人造成损失的，应当给予补偿。

九、行政许可法

（一）判断题

1. 有关行政许可的规定应当公布；未经公布的，不得作为实施行政许可的依据。(　　)
2. 依法取得的行政许可，依照法定条件和程序均可以转让。(　　)
3. 行政机关实施行政许可，不得向申请人提出购买指定商品、接受有偿服务等不正当要求。(　　)
4. 行政许可需要行政机关内设的多个机构办理的，该行政机关应当统一受理行政许可申请，统一送达行政许可决定。(　　)
5. 行政机关实施监督检查，不得妨碍被许可人正常的生产经营活动。(　　)

（二）单项选择题

1. 申请人、利害关系人在被告知听证权利之日起(　　)日内提出听证申请的，行政机关应当在(　　)日内组织听证。

A. 5；10　　B. 5；20

C. 10；10　　D. 5；30

2. 经国务院批准，(　　)根据精简、统一、效能的原则，可以决定一个行政机关行使有关行政机关的行政许可权。

A. 省级人民政府　　B. 设区的市级以上人民政府

C. 县级以上人民政府　　D. 乡级以上人民政府

3. 法人或者其他组织依法终止的，行政机关应当依法办理有关行政许可的(　　)手续。

A. 撤销　　B. 注销

C. 吊销　　D. 撤回

(三) 多项选择题

1. 行政许可的实施和结果，除涉及(　　)的外，应当公开。

A. 国家秘密　　B. 商业秘密

C. 集体秘密　　D. 个人隐私

2. 关于听证的程序下列选项表述正确的是：(　　)

A. 行政机关应当于举行听证的7日前将举行听证的时间、地点通知申请人、利害关系人，必要时予以公告

B. 行政机关应当指定审查该行政许可申请的工作人员以外的人员为听证主持人，申请人、利害关系人认为主持人与该行政许可事项有直接利害关系的，有权申请回避

C. 举行听证时，审查该行政许可申请的工作人员应当提供审查意见的证据、理由，申请人、利害关系人可以提出证据，并进行申辩和质证

D. 听证应当制作笔录，听证笔录应当交听证参加人确认无误后签字或者盖章

3. (　　)不得设定应当由国家统一确定的公民、法人或者其他组织的资格、资质的行政许可。

A. 法律

B. 行政法规

C. 地方性法规

D. 省、自治区、直辖市人民政府规章

4. 关于行政许可的委托，下列选项正确的是：(　　)

A. 可以委托其他行政机关、组织或个人实施行政许可

B. 受委托实施行政许可的内容应当予以公告

C. 委托行政机关对受委托行政机关实施行政许可行为的后果承担法律责任

D. 受委托行政机关经委托行政机关许可，可以再委托其他组织或者个人实施行政许可

(四) 填空题

1. 行政许可所依据的法律、法规、规章修改或者废止，或者准予行政许可所依据的____发生重大变化的，为了____的需要，行政机关可以依法变更或者撤回已经生效的行政许可。由此给公民、法人或者其他组织造成财产损失的，行政机关应当依法给予____。
2. 行政机关____行政许可申请，应当出具加盖本行政机关____和注明日期的____。
3. 行政许可依法由地方人民政府两个以上部门分别实施的，本级人民政府可以确定一个部门受理行政许可申请并转告有关部门分别提出意见后____，或者组织有关部门____、____。
4. 行政机关作出准予行政许可的决定，应当自作出决定之日起____日内向申请人颁发、送达____，或者加贴标签、加盖检验、检测、检疫印章。
5. 听证应当制作笔录，听证笔录应当交听证参加人确认无误后____或者____。行政机关____根据听证笔录，作出行政许可决定。

(五) 简答题

1. 简述行政机关对申请人提出的行政许可申请应当作出的处理。

2. 简述行政许可的听证程序。

3. 简述行政机关应当依法办理有关行政许可的注销手续的情形。

参考答案

（一）判断题

1. √，解析：根据《行政许可法》第5条规定。

2. ×，解析：根据《行政许可法》第9条规定，依法取得的行政许可，除法律、法规规定依照法定条件和程序可以转让的外，不得转让。

3. √，解析：根据《行政许可法》第27条规定。

4. ×，解析：《行政许可法》第26条第1款规定，行政许可需要行政机关内设的多个机构办理的，该行政机关应当确定一个机构统一受理行政许可申请，统一送达行政许可决定。

5. √，解析：根据《行政许可法》第63条规定。

（二）单项选择题

1. B，解析：根据《行政许可法》第47条第1款规定，行政许可直接涉及申请人与他人之间重大利益关系的，行政机关在作出行政许可决定前，应当告知申请人、利害关系人享有要求听证的权利；申请人、利害关系人在被告知听证权利之日起5日内提出听证申请的，行政机关应当在20日内组织听证。

2. A，解析：根据《行政许可法》第25条规定，经国务院批准，省、自治区、直辖市人民政府根据精简、统一、效能的原则，可以决定一个行政机关行使有关行政机关的行政许可权。

3. B，解析：根据《行政许可法》第70条规定，有下列情形之一的，行政机关应当依法办理有关行政许可的注销手续：（1）行政许可有效期届满未延续的；（2）赋予公民特定资格的行政许可，该公民死亡或者丧失行为能力的；（3）法人或者其他组织依法终止的；（4）行政许可依法被撤销、撤回，或者行政许可证件依法被吊销的；(5) 因不可抗力导致行政许可事项无法实施的；(6) 法律、法规规定的应当注销行政许可的其他情形。

(三) 多项选择题

1. ABD，解析：根据《行政许可法》第 5 条第 2 款规定，有关行政许可的规定应当公布；未经公布的，不得作为实施行政许可的依据。行政许可的实施和结果，除涉及国家秘密、商业秘密或者个人隐私的外，应当公开。未经申请人同意，行政机关及其工作人员、参与专家评审等的人员不得披露申请人提交的商业秘密、未披露信息或者保密商务信息，法律另有规定或者涉及国家安全、重大社会公共利益的除外；行政机关依法公开申请人前述信息的，允许申请人在合理期限内提出异议。
2. ABCD，解析：根据《行政许可法》第 48 条第 1 款规定，听证按照下列程序进行：(1) 行政机关应当于举行听证的 7 日前将举行听证的时间、地点通知申请人、利害关系人，必要时予以公告；(2) 听证应当公开举行；(3) 行政机关应当指定审查该行政许可申请的工作人员以外的人员为听证主持人，申请人、利害关系人认为主持人与该行政许可事项有直接利害关系的，有权申请回避；(4) 举行听证时，审查该行政许可申请的工作人员应当提供审查意见的证据、理由，申请人、利害关系人可以提出证据，并进行申辩和质证；(5) 听证应当制作笔录，听证笔录应当交听证参加人确认无误后签字或者盖章。
3. CD，解析：根据《行政许可法》第 15 条第 2 款规定，地方性法规和省、自治区、直辖市人民政府规章，不得设定应当由国家统一确定的公民、法人或者其他组织的资格、资质的行政许可；不得设定企业或者其他组织的设立登记及其前置性行政许可。其设定的行政许可，不得限制其他地区的个人或者企业到本地区从事生产经营和提供服务，不得限制其他地区的商品进入本地区市场。

4. BC，解析：根据《行政许可法》第24条规定，行政机关在其法定职权范围内，依照法律、法规、规章的规定，可以委托其他行政机关实施行政许可。委托机关应当将受委托行政机关和受委托实施行政许可的内容予以公告。委托行政机关对受委托行政机关实施行政许可的行为应当负责监督，并对该行为的后果承担法律责任。受委托行政机关在委托范围内，以委托行政机关名义实施行政许可；不得再委托其他组织或者个人实施行政许可。

（四）填空题

1. 客观情况；公共利益；补偿。（《行政许可法》第8条）
2. 受理或者不予受理；专用印章；书面凭证。（《行政许可法》第32条）
3. 统一办理；联合办理；集中办理。（《行政许可法》第26条）
4. 10；行政许可证件。（《行政许可法》第44条）
5. 签字；盖章；应当。（《行政许可法》第48条）

（五）简答题

1. 答：根据《行政许可法》第32条第1款规定，行政机关对申请人提出的行政许可申请，应当根据下列情况分别作出处理：（1）申请事项依法不需要取得行政许可的，应当即时告知申请人不受理；（2）申请事项依法不属于本行政机关职权范围的，应当即时作出不予受理的决定，并告知申请人向有关行政机关申请；（3）申请材料存在可以当场更正的错误的，应当允许申请人当场更正；（4）申请材料不齐全或者不符合法定形式的，应当当场或者在5日内一次告知申请人需要补正的全部内容，逾期不告知的，自收到申请材料之日起即为受理；（5）申请事项属于本行政机关职权范围，申请材料齐全、符合法定形式，或者申请人按照本行政机关的要求提交全部补正申请材料的，应当受理行政许可申请。
2. 答：根据《行政许可法》第48条规定，听证按照下列程序进行：

(1) 行政机关应当于举行听证的7日前将举行听证的时间、地点通知申请人、利害关系人，必要时予以公告；(2) 听证应当公开举行；(3) 行政机关应当指定审查该行政许可申请的工作人员以外的人员为听证主持人，申请人、利害关系人认为主持人与该行政许可事项有直接利害关系的，有权申请回避；(4) 举行听证时，审查该行政许可申请的工作人员应当提供审查意见的证据、理由，申请人、利害关系人可以提出证据，并进行申辩和质证；(5) 听证应当制作笔录，听证笔录应当交听证参加人确认无误后签字或者盖章。行政机关应当根据听证笔录，作出行政许可决定。

3. 答：根据《行政许可法》第70条规定，有下列情形之一的，行政机关应当依法办理有关行政许可的注销手续：(1) 行政许可有效期届满未延续的；(2) 赋予公民特定资格的行政许可，该公民死亡或者丧失行为能力的；(3) 法人或者其他组织依法终止的；(4) 行政许可依法被撤销、撤回，或者行政许可证件依法被吊销的；(5) 因不可抗力导致行政许可事项无法实施的；(6) 法律、法规规定的应当注销行政许可的其他情形。

十、行政复议法

（一）判断题

1. 公民、法人或者其他组织对行政复议决定不服的，可以依照《行政诉讼法》的规定向人民法院提起行政诉讼，但是法律规定行政复议决定为最终裁决的除外。(　　)
2. 对被撤销的行政机关在撤销前所作出的具体行政行为不服的，向继续行使其职权的行政机关的上一级行政机关申请行政复议。(　　)
3. 公民、法人或者其他组织向人民法院提起行政诉讼，人民法院依法受理的，可以申请行政复议。(　　)
4. 公民、法人或者其他组织依法提出行政复议申请，行政复议机关无正当理由不予受理的，上级行政机关应当直接受理。(　　)

（二）单项选择题

1. 对省、自治区人民政府依法设立的派出机关所属的县级地方人民政府的具体行政行为不服的，向(　　)申请行政复议。

   A. 国务院　　B. 省、自治区人民政府

   C. 上一级地方人民政府　　D. 该派出机关
2. 申请人在申请行政复议时，一并提出对规章以下的规范性文件的审查申请的，行政复议机关对该规定有权处理的，应当在30日内依法处理；无权处理的，应当在(　　)按照法定程序转送有权处理的行政机关依法处理，有权处理的行政机关应当在(　　)依法

处理。处理期间，中止对具体行政行为的审查。

A. 5 日内；30 日内　　B. 5 日内；60 日内

C. 7 日内；30 日内　　D. 7 日内；60 日内

3. 公民、法人或者其他组织认为行政机关的具体行政行为侵犯其已经依法取得的土地、矿藏、水流、森林、山岭、草原、荒地、滩涂、海域等自然资源的所有权和使用权的，可以采取的救济措施有：(　　)

A. 可以提起行政诉讼

B. 只能申请行政复议

C. 应当先申请行政复议，对复议决定不服再提起行政诉讼

D. 向人民法院进行申诉

(三) 多项选择题

1. 对县级以上地方各级人民政府工作部门的具体行政行为不服的，由申请人选择，可以向 (　　) 申请行政复议。

A. 国务院

B. 省、自治区、直辖市人民政府

C. 该部门的本级人民政府

D. 上一级主管部门

2. 行政复议期间具体行政行为可以停止执行的情形有：(　　)

A. 被申请人认为需要停止执行的

B. 行政复议机关认为需要停止执行的

C. 申请人申请停止执行，行政复议机关认为其要求合理，决定停止执行的

D. 法律规定停止执行的

3. 关于行政复议，下列说法正确的是：(　　)

A. 对县级以上地方人民政府依法设立的派出机关的具体行政行为不服的，向设立该派出机关的人民政府申请行政复议

B. 对政府工作部门依法设立的派出机构依照法律、法规或者规章规定，以自己的名义作出的具体行政行为不服的，向设立该派出机构的部门或者该部门的本级地方人民政府申请行政复议

C. 对法律、法规授权的组织的具体行政行为不服的，分别向直接管理该组织的地方人民政府、地方人民政府工作部门或者国务院部门申请行政复议

D. 对两个或者两个以上行政机关以共同的名义作出的具体行政行为不服的，向其共同上一级行政机关申请行政复议

（四）填空题

1. 行政复议机关收到行政复议申请后，应当在____内进行审查，对不符合本法规定的行政复议申请，决定____，并书面告知申请人；对符合本法规定，但是____本机关受理的行政复议申请，应当告知申请人向有关行政复议机关提出。
2. 被申请人不履行或者____拖延履行行政复议决定的，____或者____行政机关应当责令其限期履行。
3. 行政复议机关在对被申请人作出的具体行政行为进行审查时，认为其依据不合法，本机关____处理的，应当在 30 日内依法处理；____处理的，应当在 7 日内按照法定程序转送有权处理的国家机关依法处理。处理期间，____对具体行政行为的审查。
4. 行政复议机关受理行政复议申请，不得向申请人收取____。行政复议活动所需经费，应当列入本机关的____，由本级财政予以保障。

（五）简答题

1. 申请人逾期不起诉又不履行行政复议决定的，或者不履行最终裁决的行政复议决定的，应当如何处理？
2. 简述行政复议机关决定撤销具体行政行为的情形。

参考答案

（一）判断题

1. √，解析：根据《行政复议法》第5条规定。
2. √，解析：根据《行政复议法》第15条规定。
3. ×，解析：根据《行政复议法》第16条第2款规定，公民、法人或者其他组织向人民法院提起行政诉讼，人民法院已经依法受理的，不得申请行政复议。
4. ×，解析：根据《行政复议法》第20条规定，公民、法人或者其他组织依法提出行政复议申请，行政复议机关无正当理由不予受理的，上级行政机关应当责令其受理；必要时，上级行政机关也可以直接受理。

（二）单项选择题

1. D，解析：根据《行政复议法》第13条第2款规定，对省、自治区人民政府依法设立的派出机关所属的县级地方人民政府的具体行政行为不服的，向该派出机关申请行政复议。
2. D，解析：根据《行政复议法》第26条规定，申请人在申请行政复议时，一并提出对本法第7条所列有关规定的审查申请的，行政复议机关对该规定有权处理的，应当在30日内依法处理；无权处理的，应当在7日内按照法定程序转送有权处理的行政机关依法处理，有权处理的行政机关应当在60日内依法处理。处理期间，中止对具体行政行为的审查。

3. C，解析：根据《行政复议法》第 30 条第 1 款规定，公民、法人或者其他组织认为行政机关的具体行政行为侵犯其已经依法取得的土地、矿藏、水流、森林、山岭、草原、荒地、滩涂、海域等自然资源的所有权或者使用权的，应当先申请行政复议；对行政复议决定不服的，可以依法向人民法院提起行政诉讼。

（三）多项选择题

1. CD，解析：根据《行政复议法》第 12 条第 1 款规定，对县级以上地方各级人民政府工作部门的具体行政行为不服的，由申请人选择，可以向该部门的本级人民政府申请行政复议，也可以向上一级主管部门申请行政复议。

2. ABCD，解析：根据《行政复议法》第 21 条规定，行政复议期间具体行政行为不停止执行；但是，有下列情形之一的，可以停止执行：（1）被申请人认为需要停止执行的；（2）行政复议机关认为需要停止执行的；（3）申请人申请停止执行，行政复议机关认为其要求合理，决定停止执行的；（4）法律规定停止执行的。

3. ABCD，解析：根据《行政复议法》第 15 条第 1 款规定，对本法第 12 条、第 13 条、第 14 条规定以外的其他行政机关、组织的具体行政行为不服的，按照下列规定申请行政复议：（1）对县级以上地方人民政府依法设立的派出机关的具体行政行为不服的，向设立该派出机关的人民政府申请行政复议；（2）对政府工作部门依法设立的派出机构依照法律、法规或者规章规定，以自己的名义作出的具体行政行为不服的，向设立该派出机构的部门或者该部门的本级地方人民政府申请行政复议；（3）对法律、法规授权的组织的具体行政行为不服的，分别向直接管理该组织的地方人民政府、地方人民政府工作部门或者国务院部门申请行政复议；（4）对两个或者两个以上行政机关以共同的名义作出的具体行政行为不服的，向其共同上一级行政机关申请行政复议；（5）对被撤销的行政机关在撤销前所作出的具体行政行为不服的，向继续行使其职权的行政机关的上一级行政机关申请行政复议。

（四）填空题

1. 5 日；不予受理；不属于。（《行政复议法》第 17 条）
2. 无正当理由；行政复议机关；有关上级。（《行政复议法》第 32 条）
3. 有权；无权；中止。（《行政复议法》第 27 条）
4. 任何费用；行政经费。（《行政复议法》第 39 条）

（五）简答题

1. 答：根据《行政复议法》第 33 条规定，申请人逾期不起诉又不履行行政复议决定的，或者不履行最终裁决的行政复议决定的，按照下列规定分别处理：（1）维持具体行政行为的行政复议决定，由作出具体行政行为的行政机关依法强制执行，或者申请人民法院强制执行；（2）变更具体行政行为的行政复议决定，由行政复议机关依法强制执行，或者申请人民法院强制执行。
2. 答：根据《行政复议法》第 28 条第 1 款第 3 项、第 4 项规定，具体行政行为有下列情形之一的，决定撤销、变更或者确认该具体行政行为违法；决定撤销或者确认该具体行政行为违法的，可以责令被申请人在一定期限内重新作出具体行政行为：（1）主要事实不清、证据不足的；（2）适用依据错误的；（3）违反法定程序的；（4）超越或者滥用职权的；（5）具体行政行为明显不当的。被申请人不按照本法第 23 条的规定提出书面答复、提交当初作出具体行政行为的证据、依据和其他有关材料的，视为该具体行政行为没有证据、依据，决定撤销该具体行政行为。

十一、行政诉讼法

（一）判断题

1. 行政机关侵犯经营自主权的，不属于行政诉讼受案范围，应当提起民事诉讼。（　　）
2. 公民、法人或者其他组织同被诉行政行为有利害关系但没有提起诉讼，人民法院应当通知其作为第三人参加诉讼。（　　）
3. 发回重审、按照审判监督程序再审的案件不适用简易程序。（　　）
4. 适用简易程序审理的行政案件，应当在立案之日起30日内审结。（　　）
5. 上级人民法院发现下级人民法院的调解违反自愿原则或者调解书内容违法的，有权指令下级人民法院再审。（　　）
6. 上级人民检察院发现下级人民法院的调解书损害国家利益、社会公共利益的，应当提出抗诉。（　　）

（二）单项选择题

1. 下列属于行政诉讼受案范围的是：（　　）

   A. 国防、外交等国家行为

   B. 行政机关对行政机关工作人员的奖惩、任免等决定

   C. 行政机关制定、发布的具有普遍约束力的决定、命令

   D. 行政机关作出的土地征用补偿决定
2. 关于行政案件的地域管辖，下列选项不正确的是：（　　）

A. 经复议的案件，既可以由最初作出行政行为的行政机关所在地人民法院管辖，也可以由复议机关所在地人民法院管辖

B. 对限制人身自由的行政强制措施不服提起的诉讼，既可以由被告所在地人民法院管辖，也可以由原告所在地人民法院管辖

C. 因不动产提起的行政诉讼，由不动产所在地人民法院管辖

D. 经最高人民法院备案，高级人民法院可以根据审判工作的实际情况，确定若干人民法院跨行政区域管辖行政案件

3. 关于复议案件的行政诉讼被告，下列说法不正确的是：(　　)

A. 复议机关决定维持原行政行为的，作出原行政行为的行政机关和复议机关是共同被告

B. 复议机关改变原行政行为的，作出原行政行为的行政机关和复议机关是共同被告

C. 复议机关在法定期限内未作出复议决定，公民、法人或者其他组织起诉原行政行为的，作出原行政行为的行政机关是被告

D. 复议机关在法定期限内未作出复议决定，公民、法人或者其他组织起诉复议机关不作为的，复议机关是被告

4. 人民法院可以缺席判决的情形是：(　　)

A. 经人民法院传票传唤，原告无正当理由拒不到庭的

B. 原告未经法庭许可中途退庭的

C. 被告未经法庭许可中途退庭的

D. 第三人未经法庭许可中途退庭的

5. 关于行政诉讼调解，下列说法不正确的是：(　　)

A. 人民法院审理行政案件，一般不适用调解

B. 公安机关对当事人处以罚款的案件，可以适用调解

C. 税务机关对纳税人征收税款的案件，可以适用调解

D. 调解不得损害国家利益、社会公共利益和他人合法权益

6. 关于行政诉讼附带民事诉讼，下列说法正确的是：（　　）

A. 适用于行政赔偿案件

B. 适用于行政处罚案件

C. 当事人应提出一并解决相关民事争议的申请

D. 人民法院可以依职权决定合并审理

（三）多项选择题

1. 关于行政诉讼案件的管辖，下列说法不正确的是：（　　）

A. 对省级政府部门所作行政行为不服，应当向中级人民法院提起诉讼

B. 对行政机关实施的行政强制措施不服，可以向被告所在地或者原告所在地人民法院提起诉讼

C. 两个以上人民法院都有管辖权的案件，原告应当提请上一级人民法院指定管辖

D. 有管辖权的人民法院由于特殊原因不能行使管辖权的，可以移送其他人民法院管辖

2. 关于证据的保全，下列说法正确的是：（　　）

A. 适用于证据可能灭失的情况下

B. 适用于证据以后难以取得的情况下

C. 原告、被告、第三人均可向法院申请保全

D. 法院可以主动采取保全措施

3. 关于行政诉讼撤诉，下列说法正确的是：（　　）

A. 行政案件宣告判决前，原告可以申请撤诉

B. 被告改变其所作的行政行为的，原告可以申请撤诉

C. 原告申请撤诉，是否准许由人民法院裁定

D. 经人民法院传票传唤，原告无正当理由拒不到庭的，可以按照

撤诉处理

4. 对于人民法院审理行政案件的依据，下列说法正确的是：（　　）

A. 以法律和行政法规、地方性法规为依据

B. 审理民族自治地方的行政案件，以该民族自治地方的自治条例和单行条例为依据

C. 以部门规章和地方政府规章为参照

D. 地方性法规仅适用于本行政区域内发生的行政案件

5. 关于规范性文件的审查和处理，下列说法正确的是：（　　）

A. 公民、法人或者其他组织在对行政行为提起诉讼时，可以一并请求对规范性文件进行审查

B. 人民法院在审理行政案件中可以主动对规范性文件进行审查

C. 人民法院认为规范性文件不合法的，不将其作为认定行政行为合法的依据

D. 人民法院认为规范性文件不合法的，可以要求制定机关作出处理

6. 被告经传票传唤无正当理由拒不到庭，或者未经法庭许可中途退庭的，人民法院可以采取的措施有：（　　）

A. 将被告拒不到庭或者中途退庭的情况予以公告

B. 向监察机关提出司法建议

C. 向被告的上一级行政机关提出司法建议

D. 缺席判决

（四）填空题

1. 公民、法人或者其他组织认为行政机关和行政机关工作人员的____侵犯其____，有权依法提起行政诉讼。这里所称行政行为，包括____授权的组织作出的行政行为。

2. 人民法院依法对行政案件____行使审判权，不受____的干涉。
3. 人民法院判决被告重新作出行政行为的，被告不得以____作出与原行政行为____的行政行为。
4. 行政行为有____或者____等重大且明显违法情形，____申请确认行政行为无效的，人民法院判决确认无效。
5. 人民法院判决确认违法或者无效的，可以同时判决____；给原告造成损失的，依法判决被告____。
6. 行政处罚____，或者其他行政行为涉及对____的确定、认定确有错误的，人民法院可以判决变更。

（五）简答题

1. 简述人民法院判决撤销行政行为的情形。
2. 简述人民法院确认行政行为违法判决的适用情形。
3. 简述行政机关拒绝履行判决、裁定、调解书时，人民法院可以采取的措施。

参考答案

（一）判断题

1. ×，解析：根据《行政诉讼法》第 12 条第 1 款第 7 项规定，认为行政机关侵犯其经营自主权或者农村土地承包经营权、农村土地经营权的，属于行政诉讼受案范围。
2. ×，解析：根据《行政诉讼法》第 29 条第 1 款规定，公民、法人或者其他组织同被诉行政行为有利害关系但没有提起诉讼，或者同案件处理结果有利害关系的，可以作为第三人申请参加诉讼，或者由人民法院通知参加诉讼。

3. √，解析：根据《行政诉讼法》第 82 条规定。
4. ×，解析：根据《行政诉讼法》第 83 条规定，适用简易程序审理的行政案件，由审判员 1 人独任审理，并应当在立案之日起 45 日内审结。
5. √，解析：根据《行政诉讼法》第 92 条规定。
6. √，解析：根据《行政诉讼法》第 93 条规定。

（二）单项选择题

1. D，解析：根据《行政诉讼法》第 13 条规定，ABC 项均不属于行政诉讼受案范围。根据第 12 条第 1 款第 5 项规定，对行政征收、征用决定及其补偿决定不服的，属于行政诉讼受案范围。故 D 项正确。
2. D，解析：根据《行政诉讼法》第 18 条第 1 款规定，行政案件由最初作出行政行为的行政机关所在地人民法院管辖。经复议的案件，也可以由复议机关所在地人民法院管辖。故 A 项正确。根据第 19 条规定，对限制人身自由的行政强制措施不服提起的诉讼，由被告所在地或者原告所在地人民法院管辖。故 B 项正确。根据第 20 条规定，因不动产提起的行政诉讼，由不动产所在地人民法院管辖。故 C 项正确。根据第 18 条第 2 款规定，经最高人民法院批准，高级人民法院可以根据审判工作的实际情况，确定若干人民法院跨行政区域管辖行政案件。故 D 项错误。
3. B，解析：根据《行政诉讼法》第 26 条第 2 款规定，经复议的案件，复议机关决定维持原行政行为的，作出原行政行为的行政机关和复议机关是共同被告；复议机关改变原行政行为的，复议机关是被告。故 A 项正确，B 项错误。根据第 26 条第 3 款规定，复议机关在法定期限内未作出复议决定，公民、法人或者其他组织起诉原行政行为的，作出原行政行为的行政机关是被告；起诉复议机关不作为的，复议机关是被告。故 CD 项正确。
4. C，解析：根据《行政诉讼法》第 58 条规定，经人民法院传票传唤，原告无正当理由拒不到庭，或者未经法庭许可中途退庭的，可以按照撤诉处理；被告无正当理由拒不到庭，或者未经法庭许可中途退庭的，可以缺席判决。据此，只有C项正确。

5. C，解析：根据《行政诉讼法》第60条规定，人民法院审理行政案件，不适用调解。但是，行政赔偿、补偿以及行政机关行使法律、法规规定的自由裁量权的案件可以调解。调解应当遵循自愿、合法原则，不得损害国家利益、社会公共利益和他人合法权益。据此，行政机关行使法律、法规规定的自由裁量权的案件可以调解。公安机关的罚款数额多少可以根据案情自由裁量，故可以调解；税务机关征收税款应当依法计算并全额征收，没有裁量的余地，故不可以调解。因此，B项正确，C项错误。AD项符合上述法律规定。

6. C，解析：根据《行政诉讼法》第61条第1款规定，在涉及行政许可、登记、征收、征用和行政机关对民事争议所作的裁决的行政诉讼中，当事人申请一并解决相关民事争议的，人民法院可以一并审理。据此，行政赔偿和行政处罚案件，均不适用于行政附带民事诉讼，AB项错误。行政附带民事诉讼只能依当事人申请，人民法院不能依职权作出，故C项正确，D项错误。

（三）多项选择题

1. ABCD，解析：根据《行政诉讼法》第15条第1项规定，对国务院部门或者县级以上地方人民政府所作的行政行为提起诉讼的案件，由中级人民法院管辖。省级政府部门属于地方人民政府工作部门，不属于中级人民法院管辖，而应由基层人民法院管辖。故A项错误。根据第19条规定，只有对“限制人身自由”的行政强制措施不服提起的诉讼，才可以由被告所在地或者原告所在地人民法院管辖。故B项错误。根据第21条规定，两个以上人民法院都有管辖权的案件，原告可以选择其中一个人民法院提起诉讼。故C项错误。根据第23条第1款规定，有管辖权的人民法院由于特殊原因不能行使管辖权的，由上级人民法院指定管辖。故D项错误。

2. ABCD，解析：根据《行政诉讼法》第 42 条规定，在证据可能灭失或者以后难以取得的情况下，诉讼参加人可以向人民法院申请保全证据，人民法院也可以主动采取保全措施。据此，A、B、C、D 项均正确。
3. ABCD，解析：根据《行政诉讼法》第 62 条规定，人民法院对行政案件宣告判决或者裁定前，原告申请撤诉的，或者被告改变其所作的行政行为，原告同意并申请撤诉的，是否准许，由人民法院裁定。故 A、B、C 项正确。根据第 58 条规定，D 项正确。
4. ABCD，解析：根据《行政诉讼法》第 63 条规定，人民法院审理行政案件，以法律和行政法规、地方性法规为依据。地方性法规适用于本行政区域内发生的行政案件。人民法院审理民族自治地方的行政案件，并以该民族自治地方的自治条例和单行条例为依据。人民法院审理行政案件，参照规章。
5. ABC，解析：根据《行政诉讼法》第 64 条规定，人民法院在审理行政案件中，经审查认为本法第 53 条规定的规范性文件不合法的，不作为认定行政行为合法的依据，并向制定机关提出处理建议。据此，人民法院认为规范性文件不合法的，应当向制定机关提出处理建议，但不能要求制定机关作出处理，故 D 项错误。ABC 项均符合规定。
6. ABCD，解析：根据《行政诉讼法》第 66 条第 2 款规定，人民法院对被告经传票传唤无正当理由拒不到庭，或者未经法庭许可中途退庭的，可以将被告拒不到庭或者中途退庭的情况予以公告，并可以向监察机关或者被告的上一级行政机关提出依法给予其主要负责人或者直接责任人员处分的司法建议。故 ABC 项正确。根据第 58 条规定，D 项正确。

（四）填空题

1. 行政行为；合法权益；法律、法规、规章。（《行政诉讼法》第 2 条）
2. 独立；行政机关、社会团体和个人。（《行政诉讼法》第 4 条）

3. 同一的事实和理由；基本相同。(《行政诉讼法》第 71 条)
4. 实施主体不具有行政主体资格；没有依据；原告。(《行政诉讼法》第 75 条)
5. 责令被告采取补救措施；承担赔偿责任。(《行政诉讼法》第 76 条)
6. 明显不当；款额。(《行政诉讼法》第 77 条)

(五) 简答题

1. 答：根据《行政诉讼法》第 70 条规定，行政行为有下列情形之一的，人民法院判决撤销或者部分撤销，并可以判决被告重新作出行政行为：(1) 主要证据不足的；(2) 适用法律、法规错误的；(3) 违反法定程序的；(4) 超越职权的；(5) 滥用职权的；(6) 明显不当的。
2. 答：根据《行政诉讼法》第 74 条规定，人民法院确认行政行为违法判决的适用情形如下：

   行政行为有下列情形之一的，人民法院判决确认违法，但不撤销行政行为：(1) 行政行为依法应当撤销，但撤销会给国家利益、社会公共利益造成重大损害的；(2) 行政行为程序轻微违法，但对原告权利不产生实际影响的。

   行政行为有下列情形之一，不需要撤销或者判决履行的，人民法院判决确认违法：(1) 行政行为违法，但不具有可撤销内容的；(2) 被告改变原违法行政行为，原告仍要求确认原行政行为违法的；(3) 被告不履行或者拖延履行法定职责，判决履行没有意义的。
3. 答：根据《行政诉讼法》第 96 条规定，行政机关拒绝履行判决、裁定、调解书的，第一审人民法院可以采取下列措施：(1) 对应当归还的罚款或者应当给付的款额，通知银行从该行政机关的账户内划拨；(2) 在规定期限内不履行的，从期满之日起，对该行政机关负责人按日处 50 元至 100 元的罚款；(3) 将行政机关拒绝履行的情况予以公告；(4) 向监察机关或者该行政机关的上一级行政机关提出司法建议。接受司法建议的机关，根据有关规定进行处理，并将处理情况告知人民法院；（5）拒不履行判决、裁定、调解书，社会影响恶劣的，可以对该行政机关直接负责的主管人员和其他直接责任人员予以拘留；情节严重，构成犯罪的，依法追究刑事责任。

十二、国家赔偿法

(一) 判断题

1. 行政赔偿中，赔偿请求人要求赔偿，应当先向赔偿义务机关提出，也可以在申请行政复议或者提起行政诉讼时一并提出。(　　)
2. 经复议机关复议的，最初造成侵权行为的行政机关为赔偿义务机关，但复议机关的复议决定加重损害的，复议机关对加重的部分履行赔偿义务。(　　)
3. 行政赔偿中，赔偿义务机关应当自收到申请之日起 3 个月内，作出是否赔偿的决定。(　　)
4. 对于行使侦查、检察、审判职权的机关以及看守所、监狱管理机关的工作人员与行使职权无关的个人行为，国家不承担赔偿责任。(　　)
5. 侵犯公民人身自由的，每日赔偿金按照国家本年度职工日平均工资计算。(　　)

(二) 单项选择题

1. 行政赔偿中，赔偿请求人对赔偿的方式、项目、数额有异议的，或者赔偿义务机关作出不予赔偿决定的，赔偿请求人可以自赔偿义务机关作出赔偿或者不予赔偿决定之日起(　　)个月内，向人民法院提起诉讼。

A. 1　　B. 3

C. 6　　D. 12

2. 刑事赔偿中，关于赔偿义务机关的确定，下列说法错误的是：( )

A. 看守所在行使职权时侵犯公民的合法权益造成损害的，该机关为赔偿义务机关

B. 对公民采取拘留措施，依照《国家赔偿法》的规定应当给予国家赔偿的，作出拘留决定的机关为赔偿义务机关

C. 对公民采取逮捕措施后决定撤销案件、不起诉或者判决宣告无罪的，作出逮捕决定的机关为赔偿义务机关

D. 再审改判无罪的，作出再审判决的人民法院为赔偿义务机关

3. 人民法院赔偿委员会应当自收到赔偿申请之日起( )内作出决定；属于疑难、复杂、重大案件的，经本院院长批准，可以延长( )。

A. 3 个月；1 个月　　B. 15 天；1 个月

C. 3 个月；3 个月　　D. 1 个月；3 个月

4. 侵犯公民生命健康权的，关于赔偿金的计算，下列说法错误的是：( )

A. 造成身体伤害的，减少的收入每日的赔偿金最高额为国家上年度职工年平均工资的 3 倍

B. 造成部分或者全部丧失劳动能力的，残疾赔偿金最高不超过国家上年度职工年平均工资的 20 倍

C. 造成全部丧失劳动能力的，对其扶养的无劳动能力的人，应当支付生活费

D. 造成死亡的，应当支付死亡赔偿金、丧葬费

(三) 多项选择题

1. 行政机关及其工作人员在行使行政职权时有下列哪些侵犯人身权情形之一的，受害人有取得赔偿的权利？( )

A. 违法拘留或者违法采取限制公民人身自由的行政强制措施

B. 非法拘禁或者以其他方法非法剥夺公民人身自由

C. 以殴打、虐待等行为或者唆使、放纵他人以殴打、虐待等行为造成公民身体伤害或者死亡

D. 违法使用武器、警械造成公民身体伤害或者死亡

2. 行政机关及其工作人员在行使行政职权时有下列哪些侵犯财产权情形之一的，受害人有取得赔偿的权利？（　　）

A. 违法实施罚款、吊销许可证和执照

B. 违法没收财物

C. 违法对财产采取查封、扣押、冻结

D. 违法征收、征用财产

3. 行政赔偿中，属于下列哪些情形之一的，国家不承担赔偿责任？（　　）

A. 行政机关工作人员与行使职权无关的个人行为

B. 对公民采取逮捕措施后，决定撤销案件、不起诉或者判决宣告无罪终止追究刑事责任的

C. 因公民、法人和其他组织自己的行为致使损害发生的

D. 依照审判监督程序再审改判无罪，原判刑罚已经执行的

（四）填空题

1. 经复议机关复议的，____的行政机关为赔偿义务机关，但复议机关的复议决定加重损害的，复议机关对____履行赔偿义务。

2. 赔偿请求人可以向共同赔偿义务机关中的____赔偿义务机关要求赔偿，该赔偿义务机关应当____。

3. 赔偿义务机关应当自收到支付赔偿金申请之日起____日内，依照预算管理权限向有关的财政部门提出支付申请。财政部门应当自

收到支付申请之日起____日内支付赔偿金。

4. 国家赔偿以____为主要方式。能够返还财产或者恢复原状的，予以返还财产或者恢复原状。

5. 赔偿请求人请求国家赔偿的时效为____年，自其知道或者____国家机关及其工作人员行使职权时的行为侵犯其人身权、财产权之日起计算，但被羁押等____期间不计算在内。

（五）简答题

1. 简述行政赔偿中赔偿义务机关的确定规则。
2. 简述国家赔偿中侵犯公民、法人和其他组织的财产权造成损害的赔偿方式与标准。

参考答案

（一）判断题

1. √，解析：根据《国家赔偿法》第 9 条规定。
2. √，解析：根据《国家赔偿法》第 8 条规定。
3. ×，解析：根据《国家赔偿法》第 13 条第 1 款规定，赔偿义务机关应当自收到申请之日起 2 个月内，作出是否赔偿的决定。赔偿义务机关作出赔偿决定，应当充分听取赔偿请求人的意见，并可以与赔偿请求人就赔偿方式、赔偿项目和赔偿数额依照本法第四章的规定进行协商。
4. √，解析：根据《国家赔偿法》第 19 条规定。
5. ×，解析：根据《国家赔偿法》第 33 条规定，侵犯公民人身自由的，每日赔偿金按照国家上年度职工日平均工资计算。

（二）单项选择题

1. B，解析：根据《国家赔偿法》第 14 条第 2 款规定，赔偿请求人对赔偿的方式、项目、数额有异议的，或者赔偿义务机关作出不予赔偿决定的，赔偿请求人可以自赔偿义务机关作出赔偿或者不予赔偿决定之日起3个月内，向人民法院提起诉讼。故B项错误。

2. D，解析：根据《国家赔偿法》第21条规定，行使侦查、检察、审判职权的机关以及看守所、监狱管理机关及其工作人员在行使职权时侵犯公民、法人和其他组织的合法权益造成损害的，该机关为赔偿义务机关。对公民采取拘留措施，依照本法的规定应当给予国家赔偿的，作出拘留决定的机关为赔偿义务机关。对公民采取逮捕措施后决定撤销案件、不起诉或者判决宣告无罪的，作出逮捕决定的机关为赔偿义务机关。再审改判无罪的，作出原生效判决的人民法院为赔偿义务机关。二审改判无罪，以及二审发回重审后作无罪处理的，作出一审有罪判决的人民法院为赔偿义务机关。故D项错误。

3. C，解析：根据《国家赔偿法》第28条规定，人民法院赔偿委员会应当自收到赔偿申请之日起3个月内作出决定；属于疑难、复杂、重大案件的，经本院院长批准，可以延长3个月。

4. A，解析：根据《国家赔偿法》第34条第1款规定，侵犯公民生命健康权的，赔偿金按照下列规定计算：（1）造成身体伤害的，应当支付医疗费、护理费，以及赔偿因误工减少的收入。减少的收入每日的赔偿金按照国家上年度职工日平均工资计算，最高额为国家上年度职工年平均工资的5倍；（2）造成部分或者全部丧失劳动能力的，应当支付医疗费、护理费、残疾生活辅助具费、康复费等因残疾而增加的必要支出和继续治疗所必需的费用，以及残疾赔偿金。残疾赔偿金根据丧失劳动能力的程度，按照国家规定的伤残等级确定，最高不超过国家上年度职工年平均工资的20倍。造成全部丧失劳动能力的，对其扶养的无劳动能力的人，还应当支付生活费；（3）造成死亡的，应当支付死亡赔偿金、丧葬费，总额为国家上年度职工年平均工资的20倍。对死者生前扶养的无劳动能力的人，还应当支付生活费。

（三）多项选择题

1. ABCD，解析：根据《国家赔偿法》第3条规定，行政机关及其工作人员在行使行政职权时有下列侵犯人身权情形之一的，受害人有取得赔偿的权利：（1）违法拘留或者违法采取限制公民人身自由的行政强制措施的；（2）非法拘禁或者以其他方法非法剥夺公民人身自由的；（3）以殴打、虐待等行为或者唆使、放纵他人以殴打、虐待等行为造成公民身体伤害或者死亡的；（4）违法使用武器、警械造成公民身体伤害或者死亡的；（5）造成公民身体伤害或者死亡的其他违法行为。故A、B、C、D项正确。
2. ABCD，解析：根据《国家赔偿法》第4条规定，行政机关及其工作人员在行使行政职权时有下列侵犯财产权情形之一的，受害人有取得赔偿的权利：（1）违法实施罚款、吊销许可证和执照、责令停产停业、没收财物等行政处罚的；（2）违法对财产采取查封、扣押、冻结等行政强制措施的；（3）违法征收、征用财产的；（4）造成财产损害的其他违法行为。故A、B、C、D项正确。
3. AC，解析：根据《国家赔偿法》第5条规定，属于下列情形之一的，国家不承担赔偿责任：（1）行政机关工作人员与行使职权无关的个人行为；（2）因公民、法人和其他组织自己的行为致使损害发生的；（3）法律规定的其他情形。故A、C项正确。

（四）填空题

1. 最初造成侵权行为；加重的部分。（《国家赔偿法》第8条）
2. 任何一个；先予赔偿。（《国家赔偿法》第10条）
3. 7；15。（《国家赔偿法》第37条）
4. 支付赔偿金。（《国家赔偿法》第32条）
5. 2；应当知道；限制人身自由。（《国家赔偿法》第39条）

（五）简答题

1. 答：根据《国家赔偿法》第7条规定，行政赔偿中赔偿义务机关的确定规则如下：

(1) 行政机关及其工作人员行使行政职权侵犯公民、法人和其他组织的合法权益造成损害的，该行政机关为赔偿义务机关。

(2) 两个以上行政机关共同行使行政职权时侵犯公民、法人和其他组织的合法权益造成损害的，共同行使行政职权的行政机关为共同赔偿义务机关。

(3) 法律、法规授权的组织在行使授予的行政权力时侵犯公民、法人和其他组织的合法权益造成损害的，被授权的组织为赔偿义务机关。

(4) 受行政机关委托的组织或者个人在行使受委托的行政权力时侵犯公民、法人和其他组织的合法权益造成损害的，委托的行政机关为赔偿义务机关。

(5) 赔偿义务机关被撤销的，继续行使其职权的行政机关为赔偿义务机关；没有继续行使其职权的行政机关的，撤销该赔偿义务机关的行政机关为赔偿义务机关。

2. 答：根据《国家赔偿法》第36条规定，侵犯公民、法人和其他组织的财产权造成损害的，按照下列规定处理：(1) 处罚款、罚金、追缴、没收财产或者违法征收、征用财产的，返还财产；(2) 查封、扣押、冻结财产的，解除对财产的查封、扣押、冻结，造成财产损坏或者灭失的，依照本条第3项、第4项的规定赔偿；(3) 应当返还的财产损坏的，能够恢复原状的恢复原状，不能恢复原状的，按照损害程度给付相应的赔偿金；(4) 应当返还的财产灭失的，给付相应的赔偿金；(5) 财产已经拍卖或者变卖的，给付拍卖或者变卖所得的价款；变卖的价款明显低于财产价值的，应当支付相应的赔偿金；(6) 吊销许可证和执照、责令停产停业的，赔偿停产停业期间必要的经常性费用开支；(7) 返还执行的罚款或者罚金、追缴或者没收的金钱，解除冻结的存款或者汇款的，应当支付银行同期存款利息；(8) 对财产权造成其他损害的，按照直接损失给予赔偿。

十三、民法典

（一）判断题

1. 民事主体从事民事活动，应当有利于节约资源、保护生态环境。（　　）
2. 法人的民事权利能力和民事行为能力，从法人成立时产生，到法人清算时消灭。（　　）
3. 事业单位法人属于特别法人。（　　）
4. 民事主体的财产权利受法律平等保护。（　　）
5. 民事权益受到侵害的，被侵权人有权请求侵权人承担侵权责任。（　　）
6. 民事法律行为可以采用书面形式、口头形式或者其他形式。（　　）
7. 基于虚假的意思实施的民事法律行为，行为人有权请求人民法院或者仲裁机构予以撤销。（　　）
8. 违反法律、行政法规的强制性规定的民事法律行为一律无效。（　　）
9. 数人为同一代理事项的代理人的，应当分别行使代理权。（　　）
10. 危险由自然原因引起的，紧急避险人不承担民事责任，可以给予适当补偿。（　　）
11. 因当事人一方的违约行为，损害对方人身权益、财产权益的，受损害方有权请求其承担违约责任和侵权责任。（　　）

（二）单项选择题

1. 民事主体从事民事活动，应当遵循(　　)原则，合理确定各方的权利和义务。

A. 自愿　　B. 公平

C. 诚信　　D. 公序良俗

2. 依照法律或者法人章程的规定，代表法人从事民事活动的负责人，为法人的(　　)。

A. 委托代理人　　B. 法定代理人

C. 委托代表人　　D. 法定代表人

3. 非法人组织解散的情形不包括：(　　)

A. 非法人组织的代表人决定解散的

B. 章程规定的存续期间届满

C. 章程规定的其他解散事由出现

D. 出资人或者设立人决定解散

4. 法人、非法人组织享有的权利不包括：(　　)

A. 名称权　　B. 名誉权

C. 姓名权　　D. 荣誉权

5. 因他人没有(　　)根据，取得不当利益，受损失的人有权请求其返还不当利益。

A. 事实　　B. 习惯

C. 现实　　D. 法律

6. 下列关于民事法律行为的说法错误的是：(　　)

A. 民事法律行为是民事主体通过意思表示设立、变更、终止民事法律关系的行为

B. 民事法律行为可以基于双方或者多方的意思表示一致成立

C. 民事法律行为不可以基于单方的意思表示成立

D. 法人依照章程规定的议事方式和表决程序作出决议的，该决议行为成立

7. 有相对人的意思表示的解释，应当按照所使用的词句，结合相关条款、行为的性质和目的、习惯以及(　　)原则，确定意思表示的含义。

A. 公平　　B. 诚信

C. 平等　　D. 自愿

8. 下列关于无效的民事法律行为的法律约束力的说法正确的是：(　　)

A. 自行为人知道该行为时起没有法律约束力

B. 自行为人申请该行为无效时起没有法律约束力

C. 自人民法院确定该行为无效时起没有法律约束力

D. 自始没有法律约束力

9. 代理人不得以被代理人的名义与自己同时代理的其他人实施民事法律行为，但是(　　)同意或者追认的除外。

A. 被代理人　　B. 代理人

C. 被代理的双方　　D. 同时代理的其他人

10. 民事主体因同一行为应当承担民事责任、行政责任和刑事责任的，承担行政责任或者刑事责任不影响承担民事责任；民事主体的财产不足以支付的，(　　)。

A. 优先用于承担民事责任

B. 优先用于承担行政责任

C. 优先用于承担刑事责任

D. 按比例分别用于承担民事责任、行政责任和刑事责任

（三）多项选择题

1. 下列关于法人合并或者分立后，其权利的享有的说法正确的是：（　）

A. 法人合并的，其权利仍由合并前的法人享有

B. 法人合并的，其权利由合并后的法人享有

C. 法人分立的，其权利由分立后的法人享有连带债权

D. 法人分立的，其权利由分立前的法人享有债权

2. 下列关于营利法人的说法正确的是：（　）

A. 依法设立的营利法人，由登记机关发给营利法人营业执照

B. 营业执照签发日期为营利法人的成立日期

C. 设立营利法人应当依法制定法人章程

D. 营利法人经依法登记成立

3. 下列关于社会团体法人的说法正确的是：（　）

A. 设立社会团体法人应当依法制定法人章程

B. 社会团体法人应当设会员大会等权力机构

C. 具备法人条件，基于会员共同意愿，取得社会团体法人资格

D. 依法不需要办理法人登记的，从成立之日起，具有社会团体法人资格

4. 物权包括：（　）

A. 著作权　　B. 所有权

C. 用益物权　　D. 担保物权

5. 行为人（　），不得擅自变更或者解除民事法律行为。

A. 非依人民法院判决　　B. 非依仲裁机构裁决

C. 非依法律规定　　D. 未经对方同意

6. 民事法律行为有效的条件有：（　）

A. 行为人具有相应的民事行为能力

B. 意思表示真实

C. 不违反法律、行政法规的强制性规定

D. 不违背公序良俗

7. 下列关于附条件和附期限的民事法律行为的说法正确的是：（　　）

A. 附生效条件的民事法律行为，自条件成就时生效

B. 附解除条件的民事法律行为，自条件成就时失效

C. 附生效期限的民事法律行为，自期限届至时生效

D. 附终止期限的民事法律行为，自期限届满时失效

8. 下列关于行为人没有代理权，仍然实施代理行为的说法正确的是：（　　）

A. 未经被代理人追认的，对被代理人不发生效力

B. 相对人可以催告被代理人自收到通知之日起30日内予以追认

C. 行为人实施的行为未被追认的，善意相对人有权请求行为人履行债务

D. 行为人实施的行为被追认前，善意相对人有撤销的权利

9. 行为人（　　），仍然实施代理行为，相对人有理由相信行为人有代理权的，代理行为有效。

A. 代理权中止　　　　B. 没有代理权

C. 超越代理权　　　　D. 代理权终止后

10. 不承担民事责任的情形有：（　　）

A. 因正当防卫造成损害的

B. 因不可抗力不能履行民事义务的

C. 因紧急避险造成损害的

D. 因不可抗力造成损害的

11. 侵害英雄烈士等的(　　)，损害社会公共利益的，应当承担民事责任。

A. 姓名　　B. 肖像

C. 名誉　　D. 荣誉

(四) 填空题

1. 民事主体从事民事活动，不得违反____，不得违背____。
2. 法人以其____为住所。
3. 具备____条件，为公益目的以____设立的基金会、社会服务机构等，经依法____成立，取得捐助法人资格。
4. 知识产权是权利人依法就下列客体享有的专有的权利：(1) 作品；(2) ____、实用新型、外观设计；(3) ____；(4) 地理标志；(5) 商业秘密；(6) ____；(7) 植物新品种；(8) 法律规定的其他客体。
5. 民事主体____滥用民事权利损害国家利益、____或者他人合法权益。
6. 具备下列条件的民事法律行为有效：(1) 行为人具有相应的____；(2) 意思表示真实；(3) 不违反法律、行政法规的强制性规定，不违背____。
7. 一方利用对方处于____、____等情形，致使民事法律行为成立时____的，受损害方有权请求人民法院或者仲裁机构予以撤销。
8. 行为人与相对人____，损害他人合法权益的民事法律行为无效。
9. 代理人不得以被代理人的名义与____实施民事法律行为，但是被代理人____的除外。
10. 危险由____原因引起的，紧急避险人不承担民事责任，可以给予适当____。
11. 因自愿实施____造成受助人损害的，救助人不承担民事责任。

（五）简答题

简述承担民事责任的方式。

参考答案

（一）判断题

1. √，解析：根据《民法典》第 9 条规定。

2. ×，解析：根据《民法典》第 59 条规定，法人的民事权利能力和民事行为能力，从法人成立时产生，到法人终止时消灭。

3. ×，解析：根据《民法典》第 96 条规定，本节规定的机关法人、农村集体经济组织法人、城镇农村的合作经济组织法人、基层群众性自治组织法人，为特别法人。

4. √，解析：根据《民法典》第 113 条规定。

5. √，解析：根据《民法典》第 120 条规定。

6. √，解析：根据《民法典》第 135 条规定。

7. ×，解析：根据《民法典》第 146 条第 1 款规定，行为人与相对人以虚假的意思表示实施的民事法律行为无效。根据第 147 条规定，基于重大误解实施的民事法律行为，行为人有权请求人民法院或者仲裁机构予以撤销。

8. ×，解析：根据《民法典》第 153 条规定，违反法律、行政法规的强制性规定的民事法律行为无效。但是，该强制性规定不导致该民事法律行为无效的除外。违背公序良俗的民事法律行为无效。

9. ×，解析：根据《民法典》第 166 条规定，数人为同一代理事项的代理人的，应当共同行使代理权，但是当事人另有约定的除外。

10. √，解析：根据《民法典》第 182 条规定。

11. ×，解析：根据《民法典》第 186 条规定，因当事人一方的违约行为，损害对方人身权益、财产权益的，受损害方有权选择请求其承担违约责任或者侵权责任。

（二）单项选择题

1. B，解析：根据《民法典》第6条规定，民事主体从事民事活动，应当遵循公平原则，合理确定各方的权利和义务。
2. D，解析：根据《民法典》第61条第1款规定，依照法律或者法人章程的规定，代表法人从事民事活动的负责人，为法人的法定代表人。
3. A，解析：根据《民法典》第106条规定，有下列情形之一的，非法人组织解散：（1）章程规定的存续期间届满或者章程规定的其他解散事由出现；（2）出资人或者设立人决定解散；（3）法律规定的其他情形。
4. C，解析：根据《民法典》第110条规定，自然人享有生命权、身体权、健康权、姓名权、肖像权、名誉权、荣誉权、隐私权、婚姻自主权等权利。法人、非法人组织享有名称权、名誉权和荣誉权。
5. D，解析：根据《民法典》第122条规定，因他人没有法律根据，取得不当利益，受损失的人有权请求其返还不当利益。
6. C，解析：根据《民法典》第133条规定，民事法律行为是民事主体通过意思表示设立、变更、终止民事法律关系的行为。根据第134条规定，民事法律行为可以基于双方或者多方的意思表示一致成立，也可以基于单方的意思表示成立。法人、非法人组织依照法律或者章程规定的议事方式和表决程序作出决议的，该决议行为成立。
7. B，解析：根据《民法典》第142条第1款规定，有相对人的意思表示的解释，应当按照所使用的词句，结合相关条款、行为的性质和目的、习惯以及诚信原则，确定意思表示的含义。
8. D，解析：根据《民法典》第155条规定，无效的或者被撤销的民事法律行为自始没有法律约束力。
9. C，解析：根据《民法典》第168条第2款规定，代理人不得以被代理人的名义与自己同时代理的其他人实施民事法律行为，但是被代理的双方同意或者追认的除外。

10. A，解析：根据《民法典》第 187 条规定，民事主体因同一行为应当承担民事责任、行政责任和刑事责任的，承担行政责任或者刑事责任不影响承担民事责任；民事主体的财产不足以支付的，优先用于承担民事责任。

（三）多项选择题

1. BC，解析：根据《民法典》第 67 条规定，法人合并的，其权利和义务由合并后的法人享有和承担。法人分立的，其权利和义务由分立后的法人享有连带债权，承担连带债务，但是债权人和债务人另有约定的除外。
2. ABCD，解析：根据《民法典》第 77 条规定，营利法人经依法登记成立。根据第 78 条规定，依法设立的营利法人，由登记机关发给营利法人营业执照。营业执照签发日期为营利法人的成立日期。根据第 79 条规定，设立营利法人应当依法制定法人章程。
3. ABD，解析：根据《民法典》第 90 条规定，具备法人条件，基于会员共同意愿，为公益目的或者会员共同利益等非营利目的设立的社会团体，经依法登记成立，取得社会团体法人资格；依法不需要办理法人登记的，从成立之日起，具有社会团体法人资格。根据第 91 条规定，设立社会团体法人应当依法制定法人章程。社会团体法人应当设会员大会或者会员代表大会等权力机构。社会团体法人应当设理事会等执行机构。理事长或者会长等负责人按照法人章程的规定担任法定代表人。
4. BCD，解析：根据《民法典》第 114 条第 2 款规定，物权是权利人依法对特定的物享有直接支配和排他的权利，包括所有权、用益物权和担保物权。
5. CD，解析：根据《民法典》第 136 条规定，民事法律行为自成立时生效，但是法律另有规定或者当事人另有约定的除外。行为人非依法律规定或者未经对方同意，不得擅自变更或者解除民事法律行为。

6. ABCD，解析：根据《民法典》第 143 条规定，具备下列条件的民事法律行为有效：（1）行为人具有相应的民事行为能力；（2）意思表示真实；（3）不违反法律、行政法规的强制性规定，不违背公序良俗。

7. ABCD，解析：根据《民法典》第 158 条规定，民事法律行为可以附条件，但是根据其性质不得附条件的除外。附生效条件的民事法律行为，自条件成就时生效。附解除条件的民事法律行为，自条件成就时失效。根据第 160 条规定，民事法律行为可以附期限，但是根据其性质不得附期限的除外。附生效期限的民事法律行为，自期限届至时生效。附终止期限的民事法律行为，自期限届满时失效。

8. ABCD，解析：根据《民法典》第 171 条规定，行为人没有代理权、超越代理权或者代理权终止后，仍然实施代理行为，未经被代理人追认的，对被代理人不发生效力。相对人可以催告被代理人自收到通知之日起 30 日内予以追认。被代理人未作表示的，视为拒绝追认。行为人实施的行为被追认前，善意相对人有撤销的权利。撤销应当以通知的方式作出。行为人实施的行为未被追认的，善意相对人有权请求行为人履行债务或者就其受到的损害请求行为人赔偿。但是，赔偿的范围不得超过被代理人追认时相对人所能获得的利益。相对人知道或者应当知道行为人无权代理的，相对人和行为人按照各自的过错承担责任。

9. BCD，解析：根据《民法典》第 172 条规定，行为人没有代理权、超越代理权或者代理权终止后，仍然实施代理行为，相对人有理由相信行为人有代理权的，代理行为有效。

10. AB，解析：根据《民法典》第 180 条规定，因不可抗力不能履行民事义务的，不承担民事责任。法律另有规定的，依照其规定。不可抗力是不能预见、不能避免且不能克服的客观情况。根据第 181 条规定，因正当防卫造成损害的，不承担民事责任。正当防卫超过必要的限度，造成不应有的损害的，正当防卫人应当承担适当的民事责任。根据第 182 条第 1 款规定，因紧急避险造成损害的，由引起险情发生的人承担民事责任。

11. ABCD，解析：根据《民法典》第 185 条规定，侵害英雄烈士等的姓名、肖像、名誉、荣誉，损害社会公共利益的，应当承担民事责任。

（四）填空题

1. 法律；公序良俗。（《民法典》第 8 条）
2. 主要办事机构所在地。（《民法典》第 63 条）
3. 法人；捐助财产；登记。（《民法典》第 92 条）
4. 发明；商标；集成电路布图设计。（《民法典》第 123 条）
5. 不得；社会公共利益。（《民法典》第 132 条）
6. 民事行为能力；公序良俗。（《民法典》第 143 条）
7. 危困状态；缺乏判断能力；显失公平。（《民法典》第 151 条）
8. 恶意串通。（《民法典》第 154 条）
9. 自己；同意或者追认。（《民法典》第 168 条）
10. 自然；补偿。（《民法典》第 182 条）
11. 紧急救助行为。（《民法典》第 184 条）

（五）简答题

答：根据《民法典》第 179 条第 1 款规定，承担民事责任的方式主要有：（1）停止侵害；（2）排除妨碍；（3）消除危险；（4）返还财产；（5）恢复原状；（6）修理、重作、更换；（7）继续履行；（8）赔偿损失；（9）支付违约金；（10）消除影响、恢复名誉；（11）赔礼道歉。

十四、刑　法

（一）判断题

1. 对多次贪污未经处理的，按照累计贪污数额处罚。（　　）
2. 索贿的从重处罚。（　　）
3. 国家机关在经济往来中，在账外暗中收受各种名义的回扣、手续费的，以利用影响力受贿罪论。（　　）
4. 因被勒索给予国家工作人员以财物，没有获得不正当利益的，以行贿论处，从轻处罚。（　　）
5. 国家工作人员在境外的存款，应当依照国家规定申报。（　　）
6. 负有解救职责的国家机关工作人员利用职务阻碍解救的，处 2 年以上 7 年以下有期徒刑。（　　）
7. 国家商检部门、商检机构的工作人员徇私舞弊，伪造检验结果的，处 5 年以下有期徒刑或者拘役。（　　）
8. 非国家机关工作人员违反保守国家秘密法的规定，故意泄露国家秘密，依照故意泄露国家秘密罪从轻处罚。（　　）
9. 对任何人犯罪，在适用法律上一律平等。不允许任何人有超越法律的特权。（　　）
10. 法律没有明文规定为犯罪行为的，但具有一定社会危害性，也可以比照相关法律定罪处刑。（　　）
11. 对正在进行行凶、杀人、抢劫、强奸、绑架以及其他严重危及人身安全的暴力犯罪，采取防卫行为，造成不法侵害人伤亡的，应当负刑事责任，但是应当减轻或者免除处罚。（　　）

12. 死刑缓期执行应当报请最高人民法院核准。(　　)

13. 敲诈勒索公私财物，数额较大或者多次敲诈勒索的，处1年以下有期徒刑、拘役或者管制。(　　)

14. 扰乱、冲击或者以其他方法破坏依法举行的集会、游行、示威，造成公共秩序混乱的，处5年以下有期徒刑、拘役、管制或者剥夺政治权利。(　　)

(二) 单项选择题

1. 为谋取不正当利益，给予(　　)以财物的，是行贿罪。

A. 国家工作人员

B. 国家工作人员的近亲属

C. 与国家工作人员关系密切的人

D. 国家机关工作人员

2. 以下对犯行贿罪的处罚，不正确的是：(　　)。

A. 处5年以下有期徒刑或者拘役，并处罚金

B. 因行贿谋取不正当利益，情节严重的，或者使国家利益遭受重大损失的，处5年以上10年以下有期徒刑，并处罚金

C. 情节特别严重的，或者使国家利益遭受特别重大损失的，处10年以上有期徒刑或者无期徒刑，并处罚金或者没收财产

D. 行贿人在被追诉前主动交待行贿行为的，应当从轻或减轻处罚

3. 介绍贿赂人在(　　)主动交待介绍贿赂行为的，可以减轻处罚或者免除处罚。

A. 被调查时　　B. 被起诉前

C. 被追诉前　　D. 被审判前

4. 单位为谋取不正当利益而行贿，或者违反国家规定，给予(　　)以回扣、手续费，情节严重的，构成单位行贿罪。

A. 国家工作人员　　　　　　　B. 国家工作人员的近亲属

C. 与国家工作人员关系密切的人　D. 国家机关工作人员

5. 国家机关工作人员滥用职权或者玩忽职守，致使公共财产、国家和人民利益遭受重大损失的，处(　　)；情节特别严重的，处(　　)。

A. 3年以下有期徒刑或者拘役；3年以上7年以下有期徒刑

B. 3年以下有期徒刑、拘役或者管制；3年以上10年以下有期徒刑

C. 3年以下有期徒刑或者拘役，并处罚金；3年以上7年以下有期徒刑或者拘役，并处罚金

D. 3年以下有期徒刑、拘役或者管制，可以并处或者单处罚金；3年以上10年以下有期徒刑，并处罚金

6. (　　)私放在押的犯罪嫌疑人、被告人或者罪犯的，处5年以下有期徒刑或者拘役；情节严重的，处5年以上10年以下有期徒刑；情节特别严重的，处10年以上有期徒刑。

A. 国家机关工作人员

B. 司法工作人员

C. 有查禁犯罪活动职责的国家机关工作人员

D. 行政执法人员

7. (　　)徇私舞弊，对依法应当移交司法机关追究刑事责任的不移交，情节严重的，处3年以下有期徒刑或者拘役；造成严重后果的，处3年以上7年以下有期徒刑。

A. 国家机关工作人员

B. 司法工作人员

C. 有查禁犯罪活动职责的国家机关工作人员

D. 行政执法人员

8. (　　)徇私舞弊，不征或者少征应征税款，致使国家税收遭受重大损失的，处5年以下有期徒刑或者拘役。

A. 国家机关工作人员

B. 税务机关的工作人员

C. 有查禁犯罪活动职责的国家机关工作人员

D. 行政执法人员

9. (　　)徇私舞弊，放纵走私，情节严重的，处5年以下有期徒刑或者拘役；情节特别严重的，处5年以上有期徒刑。

A. 国家机关工作人员

B. 海关工作人员

C. 有查禁犯罪活动职责的国家机关工作人员

D. 负有查禁走私职责的国家机关工作人员

10. 外国人在中华人民共和国领域外对(　　)犯罪，而按本法规定的最低刑为3年以上有期徒刑的，可以适用本法，但是按照(　　)的法律不受处罚的除外。

A. 中华人民共和国国家或者公民；犯罪地

B. 中华人民共和国国家；国籍国

C. 中华人民共和国公民；中华人民共和国

D. 中华人民共和国公民；犯罪地

11. 凡在中华人民共和国领域外犯罪，依照本法应当负刑事责任的，虽然经过外国审判，仍然可以依照本法追究，但是在外国已经受过刑罚处罚的，可以(　　)处罚。

A. 免除　　B. 减轻

C. 免除或者减轻　　D. 抵消

12. 享有外交特权和豁免权的外国人的刑事责任，通过(　　)解决。

A. 所在国法律　　B. 外交途径

C. 犯罪地法律　　　　　　　　D. 派遣国法律

13. (　　)，因而构成犯罪的，是故意犯罪。

A. 应当预见自己的行为可能发生危害社会的结果，因为疏忽大意而没有预见

B. 已经预见自己的行为可能发生危害社会的结果，而轻信能够避免

C. 由于不能抗拒或者不能预见的原因引起的危害社会的结果

D. 明知自己的行为会发生危害社会的结果，并且希望或者放任这种结果发生

14. 已满 75 周岁的人过失犯罪的，(　　)。

A. 可以从轻或者减轻处罚

B. 应当从轻或者减轻处罚

C. 应当从轻、减轻或者免除处罚

D. 法律有规定的才负刑事责任

15. 承担民事赔偿责任的犯罪分子，同时被判处罚金，其财产不足以全部支付的，或者被判处没收财产的，应当(　　)。

A. 先没收财产

B. 先承担罚金

C. 先承担对被害人的民事赔偿责任

D. 按比例承担

16. 以下哪一项不属于人民法院对被判处死刑缓期执行的犯人限制减刑的情况？(　　)

A. 被判处死刑缓期执行的累犯

B. 因故意杀人被判处死刑缓期执行的犯罪分子

C. 因贪污罪被判处死刑缓期执行的犯罪分子

D. 因有组织的暴力性犯罪被判处死刑缓期执行的犯罪分子

17. 组织他人出卖人体器官的，处(　　)；情节严重的，处5年以上有期徒刑，并处罚金或者没收财产。

A. 3年以下有期徒刑，并处罚金

B. 3年以下有期徒刑或者拘役，并处或者单处罚金

C. 5年以下有期徒刑，并处罚金

D. 5年以下有期徒刑，并处罚金或者没收财产

(三) 多项选择题

1. 国家工作人员利用职务上的便利，(　　)非法占有公共财物的，是贪污罪。

A. 侵吞　　B. 窃取

C. 骗取　　D. 抢夺

2. 为谋取不正当利益，向(　　)行贿的，处3年以下有期徒刑或者拘役，并处罚金。

A. 国家工作人员的近亲属

B. 其他与该国家工作人员关系密切的人

C. 离职国家工作人员的近亲属

D. 其他与该离职国家工作人员关系密切的人

3. 为谋取不正当利益，给予(　　)以财物的，或者在经济往来中，违反国家规定，给予各种名义的回扣、手续费的，处3年以下有期徒刑或者拘役，并处罚金。

A. 国家机关　　B. 国有公司

C. 事业单位　　D. 人民团体

4. 国家有关主管部门的国家机关工作人员，徇私舞弊，滥用职权，对不符合法律规定条件的公司(　　)，予以批准或者登记，致使公共财产、国家和人民利益遭受重大损失的，处5年以下有期徒

刑或者拘役。

A. 设立申请　　B. 股票发行

C. 债券发行　　D. 上市申请

5. 从事传染病防治的政府卫生行政部门的工作人员严重不负责任，导致(　　)，情节严重的，处3年以下有期徒刑或者拘役。

A. 传染病传播　　B. 传染病发生

C. 传染病流行　　D. 重大人员伤亡

6. 国家机关工作人员在签订、履行合同过程中，因严重不负责任被诈骗，(　　)。

A. 致使国家利益遭受重大损失的，处3年以下有期徒刑或者拘役

B. 致使国家利益遭受重大损失的，处5年以下有期徒刑或者拘役

C. 致使国家利益遭受特别重大损失的，处3年以上7年以下有期徒刑

D. 致使国家利益遭受特别重大损失的，处5年以上10年以下有期徒刑

7. 税务机关的工作人员违反法律、行政法规的规定，在办理(　　)工作中，徇私舞弊，致使国家利益遭受重大损失的，处5年以下有期徒刑或者拘役；致使国家利益遭受特别重大损失的，处5年以上有期徒刑。

A. 征收税款　　B. 发售发票

C. 抵扣税款　　D. 出口退税

8. 国家机关工作人员徇私舞弊，违反土地管理法规，滥用职权，(　　)，情节严重的，处3年以下有期徒刑或者拘役；致使国家或者集体利益遭受特别重大损失的，处3年以上7年以下有期徒刑。

A. 非法批准征收土地

B. 非法批准征用土地

C. 非法批准占用土地

D. 非法低价出让国有土地使用权

9. 动植物检疫机关的检疫人员严重不负责任，对应当检疫的检疫物(　　)，致使国家利益遭受重大损失的，处 3 年以下有期徒刑或者拘役。

A. 不检疫　　B. 延误检疫出证

C. 错误出证　　D. 伪造检疫结果

10. 对被拐卖、绑架的妇女、儿童负有解救职责的国家机关工作人员，接到(　　)的解救要求或者接到其他人的举报，而对被拐卖、绑架的妇女、儿童不进行解救，造成严重后果的，处 5 年以下有期徒刑或者拘役。

A. 被拐卖的妇女　　B. 被拐卖的儿童

C. 被拐卖的妇女家属　　D. 被绑架的妇女

11. 哪些人犯罪，可以从轻、减轻或者免除处罚？(　　)

A. 听力障碍者　　B. 语言障碍者

C. 又聋又哑的人　　D. 盲人

12. 被判处管制的犯罪分子，管制期满，执行机关应即向(　　)宣布解除管制。

A. 本人　　B. 受害人或受害人家属

C. 所在单位　　D. 居住地群众

13. 违反国家有关规定，向他人出售或者提供公民个人信息，如何处罚？(　　)

A. 情节严重的，处 3 年以下有期徒刑或者拘役，并处或者单处罚金

B. 情节严重的，处 3 年以上有期徒刑或者拘役，并处或者单处罚金

C. 情节严重的，处3年以上7年以下有期徒刑，并处罚金

D. 情节特别严重的，处3年以上7年以下有期徒刑，并处罚金

14. 犯盗窃、诈骗、抢夺罪，为(　　)而当场使用暴力或者以暴力相威胁的，依照抢劫罪定罪处罚。

A. 窝藏赃物　　B. 抗拒抓捕

C. 包庇他人　　D. 毁灭罪证

(四) 填空题

1. 受国家机关、国有公司、企业、事业单位、人民团体委托____国有财产的人员，利用职务上的便利，____或者以其他手段非法占有国有财物的，以贪污论。

2. 国家工作人员利用职务上的便利，挪用公款归个人使用，____的，或者挪用公款数额较大、____的，或者挪用公款数额较大、超过3个月未还的，是挪用公款罪。

3. 在经济往来中，违反国家规定，给予国家工作人员以财物，____，或者____，给予国家工作人员以各种名义的回扣、手续费的，以行贿论处。

4. 国家工作人员在____或者____中接受礼物，依照国家规定应当交公而不交公，数额较大的，按照贪污罪处理。

5. 依法承担仲裁职责的人员，在仲裁活动中故意违背事实和法律作____，情节严重的，处3年以下有期徒刑或者拘役；情节特别严重的，处3年以上7年以下有期徒刑。

6. 司法工作人员徇私舞弊，对不符合减刑、假释、____条件的罪犯，予以减刑、假释或者____的，处3年以下有期徒刑或者拘役；情节严重的，处3年以上7年以下有期徒刑。

7. 林业主管部门的工作人员违反森林法的规定，超过____发放林木

采伐许可证或者违反规定滥发林木采伐许可证，情节严重，致使森林遭受严重破坏的，处3年以下有期徒刑或者拘役。

8. 国家机关工作人员严重不负责任，造成____文物损毁或者流失，后果严重的，处3年以下有期徒刑或者拘役。

9. 对于中止犯，____的，应当免除处罚。

10. 司法工作人员，是指有____、____、____、____职责的工作人员。

11. 违反文物保护法规，将收藏的____的珍贵文物私自出售或者私自赠送给外国人的，处5年以下有期徒刑或者拘役，可以并处罚金。

12. 旅馆业等单位的人员，在公安机关查处卖淫、嫖娼活动时，为违法犯罪分子____，情节严重的，依照包庇罪的规定定罪处罚。

（五）简答题

1. 简述贪污罪的处罚规定。
2. 什么是受贿罪？
3. 简述利用影响力受贿罪。
4. 简述徇私枉法罪。
5. 简述刑法的溯及力。
6. 简述已满14周岁不满16周岁的人应负刑事责任的犯罪。
7. 简述虚假诉讼罪的处罚。

参考答案

（一）判断题

1. √，解析：根据《刑法》第383条规定。

2. √，解析：根据《刑法》第 386 条规定。

3. ×，解析：根据《刑法》第 387 条规定，国家机关、国有公司、企业、事业单位、人民团体，索取、非法收受他人财物，为他人谋取利益，情节严重的，对单位判处罚金，并对其直接负责的主管人员和其他直接责任人员，处 5 年以下有期徒刑或者拘役。前款所列单位，在经济往来中，在账外暗中收受各种名义的回扣、手续费的，以受贿论，依照前款的规定处罚。

4. ×，解析：根据《刑法》第 389 条规定，为谋取不正当利益，给予国家工作人员以财物的，是行贿罪。在经济往来中，违反国家规定，给予国家工作人员以财物，数额较大的，或者违反国家规定，给予国家工作人员以各种名义的回扣、手续费的，以行贿论处。因被勒索给予国家工作人员以财物，没有获得不正当利益的，不是行贿。

5. √，解析：根据《刑法》第 395 条规定。

6. √，解析：根据《刑法》第 416 条规定。

7. √，解析：根据《刑法》第 412 条规定。

8. ×，解析：根据《刑法》第 398 条规定，国家机关工作人员违反保守国家秘密法的规定，故意或者过失泄露国家秘密，情节严重的，处 3 年以下有期徒刑或者拘役；情节特别严重的，处 3 年以上 7 年以下有期徒刑。非国家机关工作人员犯前款罪的，依照前款的规定酌情处罚。

9. √，解析：根据《刑法》第 4 条规定。

10. ×，解析：根据《刑法》第 3 条规定，法律明文规定为犯罪行为的，依照法律定罪处刑；法律没有明文规定为犯罪行为的，不得定罪处刑。

11. ×，解析：根据《刑法》第 20 条规定，为了使国家、公共利益、本人或者他人的人身、财产和其他权利免受正在进行的不法侵害，而采取的制止不法侵害的行为，对不法侵害人造成损害的，属于正当防卫，不负刑事责任。正当防卫明显超过必要限度造成重大损害的，应当负刑事责任，但是应当减轻或者免除处罚。对正在进行行凶、杀人、抢劫、强奸、绑架以及其他严重危及人身安全的暴力犯罪，采取防卫行为，造成不法侵害人伤亡的，不属于防卫过当，不负刑事责任。

12. ×，解析：根据《刑法》第 48 条规定，死刑只适用于罪行极其严重的犯罪分子。对于应当判处死刑的犯罪分子，如果不是必须立即执行的，可以判处死刑同时宣告缓期二年执行。死刑除依法由最高人民法院判决的以外，都应当报请最高人民法院核准。死刑缓期执行的，可以由高级人民法院判决或者核准。

13. ×，解析：根据《刑法》第 274 条规定，敲诈勒索公私财物，数额较大或者多次敲诈勒索的，处 3 年以下有期徒刑、拘役或者管制，并处或者单处罚金；数额巨大或者有其他严重情节的，处 3 年以上 10 年以下有期徒刑，并处罚金；数额特别巨大或者有其他特别严重情节的，处 10 年以上有期徒刑，并处罚金。

14. √，解析：根据《刑法》第 298 条规定。

（二）单项选择题

1. A，解析：根据《刑法》第 389 条第 1 款规定，为谋取不正当利益，给予国家工作人员以财物的，是行贿罪。

2. D，解析：根据《刑法》第 390 条规定，对犯行贿罪的，处 5 年以下有期徒刑或者拘役，并处罚金；因行贿谋取不正当利益，情节严重的，或者使国家利益遭受重大损失的，处 5 年以上 10 年以下有期徒刑，并处罚金；情节特别严重的，或者使国家利益遭受特别重大损失的，处 10 年以上有期徒刑或者无期徒刑，并处罚金或者没收财产。行贿人在被追诉前主动交待行贿行为的，可以从轻或者减轻处罚。其中，犯罪较轻的，对侦破重大案件起关键作用的，或者有重大立功表现的，可以减轻或者免除处罚。

3. C，解析：根据《刑法》第 392 条规定，向国家工作人员介绍贿赂，情节严重的，处 3 年以下有期徒刑或者拘役，并处罚金。介绍贿赂人在被追诉前主动交待介绍贿赂行为的，可以减轻处罚或者免除处罚。
4. A，解析：根据《刑法》第 393 条规定，单位为谋取不正当利益而行贿，或者违反国家规定，给予国家工作人员以回扣、手续费，情节严重的，对单位判处罚金，并对其直接负责的主管人员和其他直接责任人员，处 5 年以下有期徒刑或者拘役，并处罚金。因行贿取得的违法所得归个人所有的，依照本法第 389 条、第 390 条的规定定罪处罚。
5. A，解析：根据《刑法》第 397 条规定，国家机关工作人员滥用职权或者玩忽职守，致使公共财产、国家和人民利益遭受重大损失的，处 3 年以下有期徒刑或者拘役；情节特别严重的，处 3 年以上 7 年以下有期徒刑。本法另有规定的，依照规定。国家机关工作人员徇私舞弊，犯前款罪的，处 5 年以下有期徒刑或者拘役；情节特别严重的，处 5 年以上 10 年以下有期徒刑。本法另有规定的，依照规定。
6. B，解析：根据《刑法》第 400 条第 1 款规定，司法工作人员私放在押的犯罪嫌疑人、被告人或者罪犯的，处 5 年以下有期徒刑或者拘役；情节严重的，处 5 年以上 10 年以下有期徒刑；情节特别严重的，处 10 年以上有期徒刑。
7. D，解析：根据《刑法》第 402 条规定，行政执法人员徇私舞弊，对依法应当移交司法机关追究刑事责任的不移交，情节严重的，处 3 年以下有期徒刑或者拘役；造成严重后果的，处 3 年以上 7 年以下有期徒刑。
8. B，解析：根据《刑法》第 404 条规定，税务机关的工作人员徇私舞弊，不征或者少征应征税款，致使国家税收遭受重大损失的，处 5 年以下有期徒刑或者拘役；造成特别重大损失的，处 5 年以上有期徒刑。

9. B，解析：根据《刑法》第411条规定，海关工作人员徇私舞弊，放纵走私，情节严重的，处5年以下有期徒刑或者拘役；情节特别严重的，处5年以上有期徒刑。

10. A，解析：根据《刑法》第8条规定，外国人在中华人民共和国领域外对中华人民共和国国家或者公民犯罪，而按本法规定的最低刑为3年以上有期徒刑的，可以适用本法，但是按照犯罪地的法律不受处罚的除外。

11. C，解析：根据《刑法》第10条规定，凡在中华人民共和国领域外犯罪，依照本法应当负刑事责任的，虽然经过外国审判，仍然可以依照本法追究，但是在外国已经受过刑罚处罚的，可以免除或者减轻处罚。

12. B，解析：根据《刑法》第11条规定，享有外交特权和豁免权的外国人的刑事责任，通过外交途径解决。

13. D，解析：根据《刑法》第14条规定，明知自己的行为会发生危害社会的结果，并且希望或者放任这种结果发生，因而构成犯罪的，是故意犯罪。故意犯罪，应当负刑事责任。

14. B，解析：根据《刑法》第17条之一规定，已满75周岁的人故意犯罪的，可以从轻或者减轻处罚；过失犯罪的，应当从轻或者减轻处罚。

15. C，解析：根据《刑法》第36条规定，由于犯罪行为而使被害人遭受经济损失的，对犯罪分子除依法给予刑事处罚外，并应根据情况判处赔偿经济损失。承担民事赔偿责任的犯罪分子，同时被判处罚金，其财产不足以全部支付的，或者被判处没收财产的，应当先承担对被害人的民事赔偿责任。

16. C，解析：根据《刑法》第50条规定，判处死刑缓期执行的，在死刑缓期执行期间，如果没有故意犯罪，二年期满以后，减为无期徒刑；如果确有重大立功表现，二年期满以后，减为25年有期徒刑；

如果故意犯罪，情节恶劣的，报请最高人民法院核准后执行死刑；对于故意犯罪未执行死刑的，死刑缓期执行的期间重新计算，并报最高人民法院备案。对被判处死刑缓期执行的累犯以及因故意杀人、强奸、抢劫、绑架、放火、爆炸、投放危险物质或者有组织的暴力性犯罪被判处死刑缓期执行的犯罪分子，人民法院根据犯罪情节等情况可以同时决定对其限制减刑。

17. C，解析：根据《刑法》第 234 条之一第 1 款规定，组织他人出卖人体器官的，处 5 年以下有期徒刑，并处罚金；情节严重的，处 5 年以上有期徒刑，并处罚金或者没收财产。

（三）多项选择题

1. ABC，解析：根据《刑法》第 382 条规定，国家工作人员利用职务上的便利，侵吞、窃取、骗取或者以其他手段非法占有公共财物的，是贪污罪。受国家机关、国有公司、企业、事业单位、人民团体委托管理、经营国有财产的人员，利用职务上的便利，侵吞、窃取、骗取或者以其他手段非法占有国有财物的，以贪污论。

2. ABCD，解析：根据《刑法》第 390 条之一规定，为谋取不正当利益，向国家工作人员的近亲属或者其他与该国家工作人员关系密切的人，或者向离职的国家工作人员或者其近亲属以及其他与其关系密切的人行贿的，处 3 年以下有期徒刑或者拘役，并处罚金；情节严重的，或者使国家利益遭受重大损失的，处 3 年以上 7 年以下有期徒刑，并处罚金；情节特别严重的，或者使国家利益遭受特别重大损失的，处 7 年以上 10 年以下有期徒刑，并处罚金。单位犯前款罪的，对单位判处罚金，并对其直接负责的主管人员和其他直接责任人员，处 3 年以下有期徒刑或者拘役，并处罚金。

3. ABCD，解析：根据《刑法》第 391 条规定，为谋取不正当利益，给予国家机关、国有公司、企业、事业单位、人民团体以财物的，或者在经济往来中，违反国家规定，给予各种名义的回扣、手续费的，处3年以下有期徒刑或者拘役，并处罚金。单位犯前款罪的，对单位判处罚金，并对其直接负责的主管人员和其他直接责任人员，依照前款的规定处罚。

4. ABCD，解析：根据《刑法》第403条规定，国家有关主管部门的国家机关工作人员，徇私舞弊，滥用职权，对不符合法律规定条件的公司设立、登记申请或者股票、债券发行、上市申请，予以批准或者登记，致使公共财产、国家和人民利益遭受重大损失的，处5年以下有期徒刑或者拘役。上级部门强令登记机关及其工作人员实施前款行为的，对其直接负责的主管人员，依照前款的规定处罚。

5. AC，解析：根据《刑法》第409条规定，从事传染病防治的政府卫生行政部门的工作人员严重不负责任，导致传染病传播或者流行，情节严重的，处3年以下有期徒刑或者拘役。

6. AC，解析：根据《刑法》第406条规定，国家机关工作人员在签订、履行合同过程中，因严重不负责任被诈骗，致使国家利益遭受重大损失的，处3年以下有期徒刑或者拘役；致使国家利益遭受特别重大损失的，处3年以上7年以下有期徒刑。

7. BCD，解析：根据《刑法》第405条第1款规定，税务机关的工作人员违反法律、行政法规的规定，在办理发售发票、抵扣税款、出口退税工作中，徇私舞弊，致使国家利益遭受重大损失的，处5年以下有期徒刑或者拘役；致使国家利益遭受特别重大损失的，处5年以上有期徒刑。

8. ABCD，解析：根据《刑法》第410条规定，国家机关工作人员徇私舞弊，违反土地管理法规，滥用职权，非法批准征收、征用、占用土地，或者非法低价出让国有土地使用权，情节严重的，处3年以下有期徒刑或者拘役；致使国家或者集体利益遭受特别重大损失的，处3年以上7年以下有期徒刑。

9. ABC，解析：根据《刑法》第413条规定，动植物检疫机关的检疫人员徇私舞弊，伪造检疫结果的，处5年以下有期徒刑或者拘役；造成严重后果的，处5年以上10年以下有期徒刑。前款所列人员严重不负责任，对应当检疫的检疫物不检疫，或者延误检疫出证、错误出证，致使国家利益遭受重大损失的，处3年以下有期徒刑或者拘役。

10. ABCD，解析：根据《刑法》第416条规定，对被拐卖、绑架的妇女、儿童负有解救职责的国家机关工作人员，接到被拐卖、绑架的妇女、儿童及其家属的解救要求或者接到其他人的举报，而对被拐卖、绑架的妇女、儿童不进行解救，造成严重后果的，处5年以下有期徒刑或者拘役。负有解救职责的国家机关工作人员利用职务阻碍解救的，处2年以上7年以下有期徒刑；情节较轻的，处2年以下有期徒刑或者拘役。

11. CD，解析：根据《刑法》第19条规定，又聋又哑的人或者盲人犯罪，可以从轻、减轻或者免除处罚。

12. ACD，解析：根据《刑法》第40条规定，被判处管制的犯罪分子，管制期满，执行机关应即向本人和其所在单位或者居住地的群众宣布解除管制。

13. AD，解析：根据《刑法》第253条之一规定，违反国家有关规定，向他人出售或者提供公民个人信息，情节严重的，处3年以下有期徒刑或者拘役，并处或者单处罚金；情节特别严重的，处3年以上7年以下有期徒刑，并处罚金。

14. ABD，解析：根据《刑法》第269条规定，犯盗窃、诈骗、抢夺罪，为窝藏赃物、抗拒抓捕或者毁灭罪证而当场使用暴力或者以暴力相威胁的，依照本法第263条的规定定罪处罚。

（四）填空题

1. 管理、经营；侵吞、窃取、骗取。（《刑法》第382条）
2. 进行非法活动；进行营利活动。（《刑法》第384条）
3. 数额较大的；违反国家规定。（《刑法》第389条）

4. 国内公务活动；对外交往。(《刑法》第 394 条)
5. 枉法裁决。(《刑法》第 399 条之一)
6. 暂予监外执行；暂予监外执行。(《刑法》第 401 条)
7. 批准的年采伐限额。(《刑法》第 407 条)
8. 珍贵。(《刑法》第 419 条)
9. 没有造成损害。(《刑法》第 24 条)
10. 侦查；检察；审判；监管。(《刑法》第 94 条)
11. 国家禁止出口。(《刑法》第 325 条)
12. 通风报信。(《刑法》第 362 条)

(五) 简答题

1. 答：根据《刑法》第 383 条规定，对犯贪污罪的，根据情节轻重，分别依照下列规定处罚：

(1) 贪污数额较大或者有其他较重情节的，处 3 年以下有期徒刑或者拘役，并处罚金。

(2) 贪污数额巨大或者有其他严重情节的，处 3 年以上 10 年以下有期徒刑，并处罚金或者没收财产。

(3) 贪污数额特别巨大或者有其他特别严重情节的，处 10 年以上有期徒刑或者无期徒刑，并处罚金或者没收财产；数额特别巨大，并使国家和人民利益遭受特别重大损失的，处无期徒刑或者死刑，并处没收财产。

对多次贪污未经处理的，按照累计贪污数额处罚。

犯第 1 款罪，在提起公诉前如实供述自己罪行、真诚悔罪、积极退赃，避免、减少损害结果的发生，有第 1 项规定情形的，可以从轻、减轻或者免除处罚；有第 2 项、第 3 项规定情形的，可以从轻处罚。

犯第 1 款罪，有第 3 项规定情形被判处死刑缓期执行的，人民法院根据犯罪情节等情况可以同时决定在其死刑缓期执行二年期满依法减为无期徒刑后，终身监禁，不得减刑、假释。

2. 答：根据《刑法》第385条规定，国家工作人员利用职务上的便利，索取他人财物的，或者非法收受他人财物，为他人谋取利益的，是受贿罪。

国家工作人员在经济往来中，违反国家规定，收受各种名义的回扣、手续费，归个人所有的，以受贿论处。

3. 答：根据《刑法》第388条之一规定，国家工作人员的近亲属或者其他与该国家工作人员关系密切的人，通过该国家工作人员职务上的行为，或者利用该国家工作人员职权或者地位形成的便利条件，通过其他国家工作人员职务上的行为，为请托人谋取不正当利益，索取请托人财物或者收受请托人财物，数额较大或者有其他较重情节的，处3年以下有期徒刑或者拘役，并处罚金；数额巨大或者有其他严重情节的，处3年以上7年以下有期徒刑，并处罚金；数额特别巨大或者有其他特别严重情节的，处7年以上有期徒刑，并处罚金或者没收财产。

离职的国家工作人员或者其近亲属以及其他与其关系密切的人，利用该离职的国家工作人员原职权或者地位形成的便利条件实施前款行为的，依照前款的规定定罪处罚。

4. 答：根据《刑法》第399条第1款规定，司法工作人员徇私枉法、徇情枉法，对明知是无罪的人而使他受追诉、对明知是有罪的人而故意包庇不使他受追诉，或者在刑事审判活动中故意违背事实和法律作枉法裁判的，处5年以下有期徒刑或者拘役；情节严重的，处5年以上10年以下有期徒刑；情节特别严重的，处10年以上有期徒刑。

5. 答：根据《刑法》第12条规定，中华人民共和国成立以后本法施行以前的行为，如果当时的法律不认为是犯罪的，适用当时的法律；如果当时的法律认为是犯罪的，依照本法总则第四章第八节的规定应当追诉的，按照当时的法律追究刑事责任，但是如果本法不认为是犯罪或者处刑较轻的，适用本法。本法施行以前，依照当时的法律已经作出的生效判决，继续有效。

6. 答：根据《刑法》第 17 条第 2 款规定，已满 14 周岁不满 16 周岁的人，犯故意杀人、故意伤害致人重伤或者死亡、强奸、抢劫、贩卖毒品、放火、爆炸、投放危险物质罪的，应当负刑事责任。
7. 答：根据《刑法》第 307 条之一规定，以捏造的事实提起民事诉讼，妨害司法秩序或者严重侵害他人合法权益的，处 3 年以下有期徒刑、拘役或者管制，并处或者单处罚金；情节严重的，处 3 年以上 7 年以下有期徒刑，并处罚金。

   单位犯前款罪的，对单位判处罚金，并对其直接负责的主管人员和其他直接责任人员，依照前款的规定处罚。

   有第 1 款行为，非法占有他人财产或者逃避合法债务，又构成其他犯罪的，依照处罚较重的规定定罪从重处罚。

   司法工作人员利用职权，与他人共同实施前 3 款行为的，从重处罚；同时构成其他犯罪的，依照处罚较重的规定定罪从重处罚。

十五、人民调解法

（一）判断题

1. 人民调解委员会调解民间纠纷，不收取任何费用。（　　）
2. 当事人可以向人民调解委员会申请调解；人民调解委员会也可以主动调解。当事人一方明确拒绝调解的，也可调解。（　　）
3. 人民调解委员会根据调解纠纷的需要，只能指定一名或者数名人民调解员进行调解。（　　）
4. 人民调解员根据调解纠纷的需要，在征得当事人的同意后，可以邀请当事人的亲属、邻里、同事等参与调解，也可以邀请具有专门知识、特定经验的人员或者有关社会组织的人员参与调解。（　　）
5. 经人民调解委员会调解达成的调解协议，不具有法律约束力。（　　）
6. 经人民调解委员会调解达成调解协议后，当事人之间就调解协议的履行或者调解协议的内容发生争议的，一方当事人不可以向人民法院提起诉讼。（　　）

（二）单项选择题

1. 本法所称人民调解，是指（　　）通过说服、疏导等方法，促使当事人在平等协商基础上自愿达成调解协议，解决民间纠纷的活动。

   A. 人民调解委员会　　B. 法院调解组织

   C. 法院　　D. 政府部门

2. 人民调解委员会由委员(　　)组成，设主任一人，必要时，可以设副主任若干人。

A. 3至9人　　B. 3至7人

C. 5至9人　　D. 5至7人

3. 人民调解员从事调解工作，应当给予适当的(　　)；因从事调解工作致伤致残，生活发生困难的，当地人民政府应当提供必要的医疗、生活救助；在人民调解工作岗位上牺牲的人民调解员，其配偶、子女按照国家规定享受抚恤和优待。

A. 薪酬补贴　　B. 误工补贴

C. 酬劳　　D. 奖金

4. 人民调解员在调解纠纷过程中，发现纠纷有可能激化的，应当采取有针对性的预防措施；对有可能引起治安案件、刑事案件的纠纷，应当及时向(　　)或者其他有关部门报告。

A. 当地基层人民法院　　B. 当地基层人民检察院

C. 当地基层人民政府　　D. 当地公安机关

5. (　　)应当记录调解情况。人民调解委员会应当建立调解工作档案，将调解登记、调解工作记录、调解协议书等材料立卷归档。

A. 书记员　　B. 人民调解员

C. 法官　　D. 人民调解委员会主任

6. 经人民调解委员会调解达成调解协议的，可以制作(　　)。

A. 调解协议书　　B. 新合同协议

C. 调解成功证明　　D. 双方权利义务证明书

(三) 多项选择题

1. 人民调解委员会调解民间纠纷，应当遵循的原则有：(　　)

A. 效率和公平原则

B. 在当事人自愿、平等的基础上进行调解

C. 不违背法律、法规和国家政策

D. 尊重当事人的权利，不得因调解而阻止当事人依法通过仲裁、行政、司法等途径维护自己的权利

2. 人民调解员在调解工作中(　　)，由其所在的人民调解委员会给予批评教育、责令改正，情节严重的，由推选或者聘任单位予以罢免或者解聘。

A. 偏袒一方当事人的

B. 侮辱当事人的

C. 索取、收受财物或者牟取其他不正当利益的

D. 泄露当事人的个人隐私、商业秘密的

3. (　　)对适宜通过人民调解方式解决的纠纷，可以在受理前告知当事人向人民调解委员会申请调解。

A. 仲裁机构　　B. 人民政府

C. 基层人民法院　　D. 公安机关

4. 民调解员调解纠纷，调解不成的，应当终止调解，并依据有关法律、法规的规定，告知当事人可以依法通过(　　)等途径维护自己的权利。

A. 仲裁　　B. 诉讼

C. 行政　　D. 司法

5. 人民调解员根据调解纠纷的需要，在征得当事人的同意后，可以邀请当事人的(　　)等参与调解，也可以邀请具有专门知识、特定经验的人员或者有关社会组织的人员参与调解。人民调解委员会支持当地公道正派、热心调解、群众认可的社会人士参与调解。

A. 亲属　　B. 邻里

C. 同事　　D. 单位领导

（四）填空题

1. 为了完善____，规范人民调解活动，及时解决民间纠纷，维护社会和谐稳定，根据宪法，制定《人民调解法》。
2. 人民调解委员会是依法设立的调解民间纠纷的____组织。
3. 人民调解委员会应当有____，多民族居住的地区应当有人数较少民族的成员。
4. 调解民间纠纷，应当____进行，防止矛盾激化。
5. 人民调解员根据纠纷的不同情况，可以采取多种方式调解民间纠纷，充分听取当事人的陈述，讲解有关法律、法规和国家政策，耐心疏导，在当事人____的基础上提出纠纷解决方案，帮助当事人自愿达成调解协议。
6. 口头调解协议自____之日起生效。
7. 人民法院依法确认调解协议有效，一方当事人拒绝履行或者未全部履行的，对方当事人可以向人民法院____。

（五）简答题

1. 简述当事人在人民调解活动中享有的权利和义务。
2. 简述调解协议书可以载明的事项。

参考答案

（一）判断题

1. √，解析：根据《人民调解法》第 4 条规定。
2. ×，解析：根据《人民调解法》第 17 条规定，当事人可以向人民调解委员会申请调解；人民调解委员会也可以主动调解。当事人一方明确拒绝调解的，不得调解。

3. ×，解析：根据《人民调解法》第 19 条规定，人民调解委员会根据调解纠纷的需要，可以指定 1 名或者数名人民调解员进行调解，也可以由当事人选择 1 名或者数名人民调解员进行调解。

4. √，解析：根据《人民调解法》第 20 条规定。

5. ×，解析：根据《人民调解法》第 31 条第 1 款规定，经人民调解委员会调解达成的调解协议，具有法律约束力，当事人应当按照约定履行。

6. ×，解析：根据《人民调解法》第 32 条规定，经人民调解委员会调解达成调解协议后，当事人之间就调解协议的履行或者调解协议的内容发生争议的，一方当事人可以向人民法院提起诉讼。

（二）单项选择题

1. A，解析：根据《人民调解法》第 2 条规定，本法所称人民调解，是指人民调解委员会通过说服、疏导等方法，促使当事人在平等协商基础上自愿达成调解协议，解决民间纠纷的活动。

2. A，解析：根据《人民调解法》第 8 条第 2 款规定，人民调解委员会由委员 3 至 9 人组成，设主任 1 人，必要时，可以设副主任若干人。

3. B，解析：根据《人民调解法》第 16 条规定，人民调解员从事调解工作，应当给予适当的误工补贴；因从事调解工作致伤致残，生活发生困难的，当地人民政府应当提供必要的医疗、生活救助；在人民调解工作岗位上牺牲的人民调解员，其配偶、子女按照国家规定享受抚恤和优待。

4. D，解析：根据《人民调解法》第 25 条规定，人民调解员在调解纠纷过程中，发现纠纷有可能激化的，应当采取有针对性的预防措施；对有可能引起治安案件、刑事案件的纠纷，应当及时向当地公安机关或者其他有关部门报告。

5. B，解析：根据《人民调解法》第 27 条规定，人民调解员应当记录调解情况。人民调解委员会应当建立调解工作档案，将调解登记、调解工作记录、调解协议书等材料立卷归档。

6. A，解析：根据《人民调解法》第28条规定，经人民调解委员会调解达成调解协议的，可以制作调解协议书。当事人认为无需制作调解协议书的，可以采取口头协议方式，人民调解员应当记录协议内容。

（三）多项选择题

1. BCD，解析：根据《人民调解法》第3条规定，人民调解委员会调解民间纠纷，应当遵循下列原则：（1）在当事人自愿、平等的基础上进行调解；（2）不违背法律、法规和国家政策；（3）尊重当事人的权利，不得因调解而阻止当事人依法通过仲裁、行政、司法等途径维护自己的权利。
2. ABCD，解析：根据《人民调解法》第15条规定，人民调解员在调解工作中有下列行为之一的，由其所在的人民调解委员会给予批评教育、责令改正，情节严重的，由推选或者聘任单位予以罢免或者解聘：（1）偏袒一方当事人的；（2）侮辱当事人的；（3）索取、收受财物或者牟取其他不正当利益的；（4）泄露当事人的个人隐私、商业秘密的。
3. CD，解析：根据《人民调解法》第18条规定，基层人民法院、公安机关对适宜通过人民调解方式解决的纠纷，可以在受理前告知当事人向人民调解委员会申请调解。
4. ACD，解析：根据《人民调解法》第26条规定，人民调解员调解纠纷，调解不成的，应当终止调解，并依据有关法律、法规的规定，告知当事人可以依法通过仲裁、行政、司法等途径维护自己的权利。
5. ABC，解析：根据《人民调解法》第20条规定，人民调解员根据调解纠纷的需要，在征得当事人的同意后，可以邀请当事人的亲属、邻里、同事等参与调解，也可以邀请具有专门知识、特定经验的人员或者有关社会组织的人员参与调解。人民调解委员会支持当地公道正派、热心调解、群众认可的社会人士参与调解。

（四）填空题

1. 人民调解制度。(《人民调解法》第1条)
2. 群众性。(《人民调解法》第7条)
3. 妇女成员。(《人民调解法》第8条)
4. 及时、就地。(《人民调解法》第21条)
5. 平等协商、互谅互让。(《人民调解法》第22条)
6. 各方当事人达成协议。(《人民调解法》第30条)
7. 申请强制执行。(《人民调解法》第33条)

（五）简答题

1. 答：根据《人民调解法》第23条规定，当事人在人民调解活动中享有下列权利：（1）选择或者接受人民调解员；（2）接受调解、拒绝调解或者要求终止调解；（3）要求调解公开进行或者不公开进行；（4）自主表达意愿、自愿达成调解协议。根据第24条规定，当事人在人民调解活动中履行下列义务：（1）如实陈述纠纷事实；（2）遵守调解现场秩序，尊重人民调解员；（3）尊重对方当事人行使权利。
2. 答：根据《人民调解法》第29条规定，调解协议书可以载明下列事项：（1）当事人的基本情况；（2）纠纷的主要事实、争议事项以及各方当事人的责任；（3）当事人达成调解协议的内容，履行的方式、期限。调解协议书自各方当事人签名、盖章或者按指印，人民调解员签名并加盖人民调解委员会印章之日起生效。调解协议书由当事人各执一份，人民调解委员会留存一份。

十六、法律援助法

（一）判断题

1. 为了规范和促进法律援助工作，保障公民和有关当事人的合法权益，保障法律正确实施，维护社会公平正义，制定《法律援助法》。(　　)
2. 市级以上人民政府应当将法律援助工作纳入国民经济和社会发展规划、基本公共服务体系，保障法律援助事业与经济社会协调发展。(　　)
3. 司法行政部门应当开展经常性的法律援助宣传教育，普及法律援助知识。(　　)
4. 国家鼓励和规范法律援助志愿服务；支持符合条件的个人作为法律援助志愿者，依法提供法律援助。(　　)
5. 法律援助人员应当恪守职业道德和执业纪律，可以向受援人收取必要的费用。(　　)
6. 法律援助机构应当通过服务窗口、电话、网络等多种方式提供法律咨询服务；提示当事人享有依法申请法律援助的权利，并告知申请法律援助的条件和程序。(　　)
7. 人民法院、人民检察院、公安机关通知法律援助机构指派律师担任辩护人时，不得限制或者损害犯罪嫌疑人、被告人委托辩护人的权利。(　　)
8. 值班律师应当依法为所有的犯罪嫌疑人、被告人提供法律咨询、程序选择建议、申请变更强制措施、对案件处理提出意见等法律

帮助。(　　)

9. 经济困难的标准，由设区的市、自治州人民政府根据本行政区域经济发展状况和法律援助工作需要确定，并实行动态调整。(　　)

10. 犯罪嫌疑人、被告人通过值班律师提出代理、刑事辩护等法律援助申请的，值班律师应当在 24 小时内将申请转交法律援助机构。(　　)

11. 被羁押的犯罪嫌疑人、被告人、服刑人员，以及强制隔离戒毒人员，应当由其法定代理人或者近亲属代为提出法律援助申请。(　　)

12. 律援助机构为老年人、残疾人提供法律援助服务的，应当根据实际情况提供无障碍设施设备和服务。(　　)

13. 法律援助人员应当按照规定向受援人通报法律援助事项办理情况，不得损害受援人权益。(　　)

14. 申请人、受援人对法律援助机构不予法律援助、终止法律援助的决定有异议的，可以向设立该法律援助机构的司法行政部门提出。(　　)

15. 国家加强法律援助信息化建设，促进司法行政部门与审判机关及其他有关部门实现信息共享和工作协同。(　　)

16. 法律援助机构应当依照有关规定及时向法律援助人员支付法律援助补贴。(　　)

17. 法律援助机构、法律援助人员未依法履行职责的，受援人可以向司法行政部门投诉，并可以请求法律援助机构更换法律援助人员。(　　)

18. 司法行政部门、法律援助机构应当建立法律援助信息公开制度，不定期向社会公布法律援助资金使用、案件办理、质量考核结果

等情况，接受社会监督。（　　）

19. 违反《法律援助法》规定，冒用法律援助名义提供法律服务并谋取利益的，由司法行政部门责令改正，没收违法所得，并处违法所得3倍以上5倍以下罚款。（　　）

（二）单项选择题

1. 国家鼓励和支持群团组织、事业单位、社会组织在（　　）指导下，依法提供法律援助。

A. 人民法院　　B. 人民检察院

C. 公安机关　　D. 司法行政部门

2. 法律援助机构根据（　　）需要，可以安排本机构具有律师资格或者法律职业资格的工作人员提供法律援助。

A. 职责　　B. 工作

C. 现实　　D. 任务

3. 司法行政部门可以通过（　　）等方式，择优选择律师事务所等法律服务机构为受援人提供法律援助。

A. 政府采购　　B. 政府采买

C. 政府购买　　D. 政府招标

4. 国家建立健全法律服务资源依法跨区域流动机制，鼓励和支持律师事务所、律师、法律援助志愿者等在法律服务资源（　　）地区提供法律援助。

A. 相对匮乏　　B. 相对短缺

C. 极度匮乏　　D. 极度短缺

5. 刑事案件的犯罪嫌疑人、被告人因经济困难或者其他原因没有委托辩护人的，本人及（　　）可以向法律援助机构申请法律援助。

A. 其近亲属　　B. 其所在居（村）委会

C. 其所在单位　　D. 其所在地的民政部门

6. 对可能被判处无期徒刑、死刑的人，以及死刑复核案件的被告人，法律援助机构收到人民法院、人民检察院、公安机关通知后，应当指派具有(　　)以上相关执业经历的律师担任辩护人。

A. 1 年　　B. 2 年

C. 3 年　　D. 5 年

7. 人民法院、人民检察院、公安机关办理刑事案件，发现强制医疗案件的被申请人没有委托诉讼代理人的，应当在(　　)内通知法律援助机构指派律师。

A. 1 日　　B. 2 日

C. 3 日　　D. 5 日

8. 对诉讼事项的法律援助，由申请人向(　　)的法律援助机构提出申请。

A. 争议处理机关所在地　　B. 事由发生地

C. 申请人住所地　　D. 办案机关所在地

9. 被羁押的犯罪嫌疑人、被告人、服刑人员，以及强制隔离戒毒人员等提出法律援助申请的，办案机关、监管场所应当在(　　)内将申请转交法律援助机构。

A. 8 小时　　B. 12 小时

C. 24 小时　　D. 48 小时

10. 法律援助机构应当自收到法律援助申请之日起 7 日内进行(　　)，作出是否给予法律援助的决定。

A. 审查　　B. 审核

C. 审批　　D. 检查

11. 司法行政部门应当自收到异议之日起(　　)内进行审查，作出维持法律援助机构决定或者责令法律援助机构改正的决定。

A. 1 日　　B. 2 日

C. 3 日　　D. 5 日

12. (　　)应当有计划地对法律援助人员进行培训，提高法律援助人员的专业素质和服务能力。

A. 县级以上人民政府司法行政部门

B. 县级以上人民政府

C. 市级以上人民政府司法行政部门

D. 市级以上人民政府

13. 法律援助受援人以欺骗或者其他不正当手段获得法律援助的，由司法行政部门责令其支付已实施法律援助的费用，并处(　　)以下罚款。

A. 1000 元　　B. 2000 元

C. 3000 元　　D. 4000 元

(三) 多项选择题

1. 下列关于法律援助的说法正确是：(　　)

A. 国务院司法行政部门指导、监督全国的法律援助工作

B. 县级以上地方人民政府司法行政部门指导、监督本行政区域的法律援助工作

C. 县级以上人民政府其他有关部门依照各自职责，为法律援助工作提供支持和保障

D. 律师协会应当指导和支持律师事务所、律师参与法律援助工作

2. 法律援助机构负责组织实施法律援助工作，受理、审查法律援助申请，指派(　　)等法律援助人员提供法律援助，支付法律援助补贴。

A. 律师　　B. 法官、检察官

C. 基层法律服务工作者　　　　D. 法律援助志愿者

3. 法律援助机构可以在(　　)等场所派驻值班律师，依法为没有辩护人的犯罪嫌疑人、被告人提供法律援助。

A. 人民法院　　　　B. 人民检察院

C. 公安机关　　　　D. 看守所

4. 负有依法提供法律援助的义务的机构和个人有：(　　)

A. 律师事务所　　　　B. 基层法律服务所

C. 律师　　　　D. 基层法律服务工作者

5. 法律援助机构、法律援助人员对提供法律援助过程中知悉的(　　)应当予以保密。

A. 国家秘密　　　　B. 商业秘密

C. 个人隐私　　　　D. 违法信息

6. 刑事案件的犯罪嫌疑人、被告人属于(　　)，没有委托辩护人的，人民法院、人民检察院、公安机关应当通知法律援助机构指派律师担任辩护人。

A. 未成年人

B. 视力、听力、言语残疾人

C. 不能完全辨认自己行为的成年人

D. 可能被判处无期徒刑、死刑的人

7. 当事人申请法律援助的，不受经济困难条件的限制的情形有：(　　)

A. 英雄烈士近亲属为维护英雄烈士的人格权益

B. 因见义勇为行为主张相关民事权益

C. 再审改判无罪请求国家赔偿

D. 遭受虐待、遗弃或者家庭暴力的受害人主张相关权益

8. 人民法院、人民检察院、公安机关应当保障值班律师依法提供法

律帮助，告知没有辩护人的犯罪嫌疑人、被告人有权约见值班律师，并依法为值班律师(　　)等提供便利。

A. 了解案件有关情况　　B. 阅卷

C. 会见　　D. 提出上诉

9. 下列关于法律援助的说法正确的是：(　　)

A. 因经济困难申请法律援助的，申请人应当如实说明经济困难状况

B. 法律援助机构核查申请人的经济困难状况，可以通过信息共享查询

C. 法律援助机构核查申请人的经济困难状况，可以由申请人进行个人诚信承诺

D. 法律援助机构开展核查工作，有关部门、单位、村民委员会、居民委员会和个人应当予以配合

10. 法律援助人员接受指派后，无正当理由不得(　　)提供法律援助服务。

A. 中止　　B. 终止

C. 拖延　　D. 拒绝

11. 法律援助补贴免征(　　)。

A. 营业税　　B. 企业所得税

C. 增值税　　D. 个人所得税

12. 人民法院应当根据情况对法律援助受援人(　　)诉讼费用。

A. 缓收　　B. 减收

C. 免收　　D. 收取

13. 法律援助机构应当综合运用(　　)等措施，督促法律援助人员提升服务质量。

A. 庭审旁听　　B. 案卷检查

C. 征询司法机关意见　　　　　　　D. 回访受援人

14. 律师、基层法律服务工作者(　　)，由司法行政部门依法给予处罚。

A. 无正当理由拒绝履行法律援助义务或者怠于履行法律援助义务

B. 擅自终止提供法律援助

C. 收取受援人财物

D. 泄露法律援助过程中知悉的国家秘密、商业秘密和个人隐私

(四) 填空题

1. 法律援助，是国家建立的为____公民和符合法定条件的其他当事人____提供____等法律服务的制度，是公共法律服务体系的组成部分。
2. 法律援助工作坚持____领导，坚持以____为中心，尊重和保障人权，遵循____的原则，实行国家保障与社会参与相结合。
3. 县级以上人民政府应当健全法律援助保障体系，将法律援助相关经费列入本级政府____，建立____调整机制，保障法律援助工作需要，促进法律援助均衡发展。
4. 国家鼓励和支持企业事业单位、社会组织和个人等____，依法通过____等方式为法律援助事业提供支持；对符合条件的，给予____优惠。
5. 律师事务所、基层法律服务所应当____本所律师、基层法律服务工作者履行法律援助义务。
6. 法律援助人员应当依法履行职责，及时为受援人提供符合____的法律援助服务，维护受援人的____权益。
7. 强制医疗案件的被申请人或者被告人没有委托诉讼代理人的，____应当通知法律援助机构指派____为其提供法律援助。
8. 刑事公诉案件的被害人及其____或者近亲属，刑事自诉案件的自

诉人及其法定代理人，刑事附带民事诉讼案件的原告人及其法定代理人，因____没有委托诉讼代理人的，____向法律援助机构申请法律援助。

9. 当事人不服司法机关生效裁判或者决定____或者____，人民法院决定、裁定再审或者人民检察院____，因经济困难没有委托辩护人或者诉讼代理人的，本人及其近亲属可以向法律援助机构申请法律援助。

10. 无民事行为能力人或者限制民事行为能力人需要法律援助的，____由其法定代理人代为提出申请。

11. 申请人提交的申请材料不齐全的，法律援助机构应当____告知申请人需要补充的材料或者要求申请人作出说明。申请人未按要求补充材料或者作出说明的，____撤回申请。

12. 受援人应当向法律援助人员____与法律援助事项有关的情况，及时提供____，协助、配合办理法律援助事项。

13. 申请人、受援人对司法行政部门维持法律援助机构决定不服的，可以依法申请____或者提起____。

14. 法律援助事项办理结束后，法律援助人员应当及时向法律援助机构报告，提交有关法律文书的____、____等材料。

15. 公证机构、司法鉴定机构应当对法律援助受援人____或者____公证费、鉴定费。

16. 律师协会应当将律师事务所、律师履行法律援助义务的情况纳入____考核内容，对____或者____法律援助义务的律师事务所、律师，依照有关规定进行____。

17. 对外国人和____提供法律援助，我国法律有规定的，适用法律规定；我国法律没有规定的，可以根据我国缔结或者参加的____，或者按照____原则，参照适用《法律援助法》的相关规定。

（五）简答题

1. 简述法律援助机构可以组织法律援助人员依法提供法律援助服务的形式。
2. 简述当事人因经济困难没有委托代理人可以向法律援助机构申请法律援助的事项。
3. 简述法律援助申请人免予核查经济困难状况的情形。
4. 简述法律援助机构收到法律援助申请后，可以决定先行提供法律援助的情形。
5. 简述法律援助机构应当作出终止法律援助的决定的情形。
6. 简述法律援助机构及其工作人员应当承担法律责任的情形。

参考答案

（一）判断题

1. √，解析：根据《法律援助法》第 1 条规定。
2. ×，解析：根据《法律援助法》第 4 条第 1 款规定，县级以上人民政府应当将法律援助工作纳入国民经济和社会发展规划、基本公共服务体系，保障法律援助事业与经济社会协调发展。
3. √，解析：根据《法律援助法》第 10 条规定。
4. √，解析：根据《法律援助法》第 17 条规定。
5. ×，解析：根据《法律援助法》第 20 条规定，法律援助人员应当恪守职业道德和执业纪律，不得向受援人收取任何财物。
6. √，解析：根据《法律援助法》第 23 条规定。
7. √，解析：根据《法律援助法》第 27 条规定。
8. ×，解析：根据《法律援助法》第 30 条规定，值班律师应当依法为没有辩护人的犯罪嫌疑人、被告人提供法律咨询、程序选择建议、申请变更强制措施、对案件处理提出意见等法律帮助。

9. ×，解析：根据《法律援助法》第 34 条规定，经济困难的标准，由省、自治区、直辖市人民政府根据本行政区域经济发展状况和法律援助工作需要确定，并实行动态调整。

10. √，解析：根据《法律援助法》第 39 条规定。

11. ×，解析：根据《法律援助法》第 40 条第 2 款规定，被羁押的犯罪嫌疑人、被告人、服刑人员，以及强制隔离戒毒人员，可以由其法定代理人或者近亲属代为提出法律援助申请。

12. √，解析：根据《法律援助法》第 45 条规定。

13. ×，解析：根据《法律援助法》第 46 条第 2 款规定，法律援助人员应当按照规定向受援人通报法律援助事项办理情况，不得损害受援人合法权益。

14. √，解析：根据《法律援助法》第 49 条规定。

15. ×，解析：根据《法律援助法》第 51 条规定，国家加强法律援助信息化建设，促进司法行政部门与司法机关及其他有关部门实现信息共享和工作协同。

16. √，解析：根据《法律援助法》第 52 条规定。

17. √，解析：根据《法律援助法》第 55 条规定。

18. ×，解析：根据《法律援助法》第 58 条规定，司法行政部门、法律援助机构应当建立法律援助信息公开制度，定期向社会公布法律援助资金使用、案件办理、质量考核结果等情况，接受社会监督。

19. ×，解析：根据《法律援助法》第 65 条规定，违反本法规定，冒用法律援助名义提供法律服务并谋取利益的，由司法行政部门责令改正，没收违法所得，并处违法所得 1 倍以上 3 倍以下罚款。

（二）单项选择题

1. D，解析：根据《法律援助法》第 8 条规定，国家鼓励和支持群团组织、事业单位、社会组织在司法行政部门指导下，依法提供法律援助。

2. B，解析：根据《法律援助法》第 13 条规定，法律援助机构根据工作需要，可以安排本机构具有律师资格或者法律职业资格的工作人员提供法律援助；可以设置法律援助工作站或者联络点，就近受理法律援助申请。

3. A，解析：根据《法律援助法》第 15 条规定，司法行政部门可以通过政府采购等方式，择优选择律师事务所等法律服务机构为受援人提供法律援助。

4. B，解析：根据《法律援助法》第 18 条规定，国家建立健全法律服务资源依法跨区域流动机制，鼓励和支持律师事务所、律师、法律援助志愿者等在法律服务资源相对短缺地区提供法律援助。

5. A，解析：根据《法律援助法》第 24 条规定，刑事案件的犯罪嫌疑人、被告人因经济困难或者其他原因没有委托辩护人的，本人及其近亲属可以向法律援助机构申请法律援助。

6. C，解析：根据《法律援助法》第 26 条规定，对可能被判处无期徒刑、死刑的人，以及死刑复核案件的被告人，法律援助机构收到人民法院、人民检察院、公安机关通知后，应当指派具有 3 年以上相关执业经历的律师担任辩护人。

7. C，解析：根据《法律援助法》第 36 条规定，人民法院、人民检察院、公安机关办理刑事案件，发现有本法第 25 条第 1 款、第 28 条规定情形的，应当在 3 日内通知法律援助机构指派律师。法律援助机构收到通知后，应当在 3 日内指派律师并通知人民法院、人民检察院、公安机关。根据第 28 条规定，强制医疗案件的被申请人或者被告人没有委托诉讼代理人的，人民法院应当通知法律援助机构指派律师为其提供法律援助。

8. D，解析：根据《法律援助法》第 38 条规定，对诉讼事项的法律援助，由申请人向办案机关所在地的法律援助机构提出申请；对非诉讼事项的法律援助，由申请人向争议处理机关所在地或者事由发生地的法律援助机构提出申请。

9. C，解析：根据《法律援助法》第39条第1款规定，被羁押的犯罪嫌疑人、被告人、服刑人员，以及强制隔离戒毒人员等提出法律援助申请的，办案机关、监管场所应当在24小时内将申请转交法律援助机构。

10. A，解析：根据《法律援助法》第43条第1款规定，法律援助机构应当自收到法律援助申请之日起7日内进行审查，作出是否给予法律援助的决定。决定给予法律援助的，应当自作出决定之日起3日内指派法律援助人员为受援人提供法律援助；决定不给予法律援助的，应当书面告知申请人，并说明理由。

11. D，解析：根据《法律援助法》第49条第2款规定，司法行政部门应当自收到异议之日起5日内进行审查，作出维持法律援助机构决定或者责令法律援助机构改正的决定。

12. A，解析：根据《法律援助法》第54条规定，县级以上人民政府司法行政部门应当有计划地对法律援助人员进行培训，提高法律援助人员的专业素质和服务能力。

13. C，解析：根据《法律援助法》第64条规定，受援人以欺骗或者其他不正当手段获得法律援助的，由司法行政部门责令其支付已实施法律援助的费用，并处3000元以下罚款。

（三）多项选择题

1. ABCD，解析：根据《法律援助法》第5条规定，国务院司法行政部门指导、监督全国的法律援助工作。县级以上地方人民政府司法行政部门指导、监督本行政区域的法律援助工作。县级以上人民政府其他有关部门依照各自职责，为法律援助工作提供支持和保障。根据第7条规定，律师协会应当指导和支持律师事务所、律师参与法律援助工作。

2. ACD，解析：根据《法律援助法》第12条规定，县级以上人民政府司法行政部门应当设立法律援助机构。法律援助机构负责组织实施法律援助工作，受理、审查法律援助申请，指派律师、基层法律服务工作者、法律援助志愿者等法律援助人员提供法律援助，支付法律援助补贴。

3. ABD，解析：根据《法律援助法》第 14 条规定，法律援助机构可以在人民法院、人民检察院和看守所等场所派驻值班律师，依法为没有辩护人的犯罪嫌疑人、被告人提供法律援助。

4. ABCD，解析：根据《法律援助法》第 16 条第 1 款规定，律师事务所、基层法律服务所、律师、基层法律服务工作者负有依法提供法律援助的义务。

5. ABC，解析：根据《法律援助法》第 21 条规定，法律援助机构、法律援助人员对提供法律援助过程中知悉的国家秘密、商业秘密和个人隐私应当予以保密。

6. ABCD，解析：根据《法律援助法》第 25 条第 1 款规定，刑事案件的犯罪嫌疑人、被告人属于下列人员之一，没有委托辩护人的，人民法院、人民检察院、公安机关应当通知法律援助机构指派律师担任辩护人：（1）未成年人；（2）视力、听力、言语残疾人；（3）不能完全辨认自己行为的成年人；（4）可能被判处无期徒刑、死刑的人；（5）申请法律援助的死刑复核案件被告人；（6）缺席审判案件的被告人；（7）法律法规规定的其他人员。

7. ABCD，解析：根据《法律援助法》第 32 条规定，有下列情形之一，当事人申请法律援助的，不受经济困难条件的限制：（1）英雄烈士近亲属为维护英雄烈士的人格权益；（2）因见义勇为行为主张相关民事权益；（3）再审改判无罪请求国家赔偿；（4）遭受虐待、遗弃或者家庭暴力的受害人主张相关权益；（5）法律、法规、规章规定的其他情形。

8. ABC，解析：根据《法律援助法》第 37 条规定，人民法院、人民检察院、公安机关应当保障值班律师依法提供法律帮助，告知没有辩护人的犯罪嫌疑人、被告人有权约见值班律师，并依法为值班律师了解案件有关情况、阅卷、会见等提供便利。

9. ABCD，解析：根据《法律援助法》第 41 条规定，因经济困难申请法律援助的，申请人应当如实说明经济困难状况。法律援助机构核查申请人的经济困难状况，可以通过信息共享查询，或者由申请人进行个人诚信承诺。法律援助机构开展核查工作，有关部门、单位、村民委员会、居民委员会和个人应当予以配合。

10. BCD，解析：根据《法律援助法》第 46 条第 1 款规定，法律援助人员接受指派后，无正当理由不得拒绝、拖延或者终止提供法律援助服务。

11. CD，解析：根据《法律援助法》第 52 条第 3 款规定，法律援助补贴免征增值税和个人所得税。

12. ABC，解析：根据《法律援助法》第 53 条第 1 款规定，人民法院应当根据情况对受援人缓收、减收或者免收诉讼费用；对法律援助人员复制相关材料等费用予以免收或者减收。

13. ABCD，解析：根据《法律援助法》第 59 条规定，法律援助机构应当综合运用庭审旁听、案卷检查、征询司法机关意见和回访受援人等措施，督促法律援助人员提升服务质量。

14. ABCD，解析：根据《法律援助法》第 63 条规定，律师、基层法律服务工作者有下列情形之一的，由司法行政部门依法给予处罚：（1）无正当理由拒绝履行法律援助义务或者怠于履行法律援助义务；（2）擅自终止提供法律援助；（3）收取受援人财物；（4）泄露法律援助过程中知悉的国家秘密、商业秘密和个人隐私；（5）法律法规规定的其他情形。

（四）填空题

1. 经济困难；无偿；法律咨询、代理、刑事辩护。（《法律援助法》第 2 条）

2. 中国共产党；人民；公开、公平、公正。（《法律援助法》第 3 条）
3. 预算；动态。（《法律援助法》第 4 条）
4. 社会力量；捐赠；税收。（《法律援助法》第 9 条）
5. 支持和保障。（《法律援助法》第 16 条）
6. 标准；合法。（《法律援助法》第 19 条）
7. 人民法院；律师。（《法律援助法》第 28 条）
8. 法定代理人；经济困难；可以。（《法律援助法》第 29 条）
9. 提出申诉；申请再审；提出抗诉。（《法律援助法》第 33 条）
10. 可以。（《法律援助法》第 40 条）
11. 一次性；视为。（《法律援助法》第 43 条）
12. 如实陈述；证据材料。（《法律援助法》第 47 条）
13. 行政复议；行政诉讼。（《法律援助法》第 49 条）
14. 副本或者复印件；办理情况报告。（《法律援助法》第 50 条）
15. 减收；免收。（《法律援助法》第 53 条）
16. 年度；拒不履行；怠于履行；惩戒。（《法律援助法》第 60 条）
17. 无国籍人；国际条约；互惠。（《法律援助法》第 69 条）

（五）简答题

1. 答：根据《法律援助法》第 22 条规定，法律援助机构可以组织法律援助人员依法提供下列形式的法律援助服务：（1）法律咨询；（2）代拟法律文书；（3）刑事辩护与代理；（4）民事案件、行政案件、国家赔偿案件的诉讼代理及非诉讼代理；（5）值班律师法律帮助；（6）劳动争议调解与仲裁代理；（7）法律、法规、规章规定的其他形式。

2. 答：根据《法律援助法》第 31 条规定，下列事项的当事人，因经济困难没有委托代理人的，可以向法律援助机构申请法律援助：（1）依法请求国家赔偿；（2）请求给予社会保险待遇或者社会救助；（3）请求发给抚恤金；（4）请求给付赡养费、抚养费、扶养费；（5）请求确认劳动关系或者支付劳动报酬；（6）请求认定公民无民事行为能力或者限制民事行为能力；（7）请求工伤事故、交通事故、食品药品安全事故、医疗事故人身损害赔偿；（8）请求环境污染、生态破坏损害赔偿；（9）法律、法规、规章规定的其他情形。

3. 答：根据《法律援助法》第 42 条规定，法律援助申请人有材料证明属于下列人员之一的，免予核查经济困难状况：（1）无固定生活来源的未成年人、老年人、残疾人等特定群体；（2）社会救助、司法救助或者优抚对象；（3）申请支付劳动报酬或者请求工伤事故人身损害赔偿的进城务工人员；（4）法律、法规、规章规定的其他人员。

4. 答：根据《法律援助法》第 44 条规定，法律援助机构收到法律援助申请后，发现有下列情形之一的，可以决定先行提供法律援助：（1）距法定时效或者期限届满不足 7 日，需要及时提起诉讼或者申请仲裁、行政复议；（2）需要立即申请财产保全、证据保全或者先予执行；（3）法律、法规、规章规定的其他情形。法律援助机构先行提供法律援助的，受援人应当及时补办有关手续，补充有关材料。

5. 答：根据《法律援助法》第 48 条第 1 款规定，有下列情形之一的，法律援助机构应当作出终止法律援助的决定：（1）受援人以欺骗或者其他不正当手段获得法律援助；（2）受援人故意隐瞒与案件有关的重要事实或者提供虚假证据；（3）受援人利用法律援助从事违法活动；（4）受援人的经济状况发生变化，不再符合法律援助条件；（5）案件终止审理或者已经被撤销；（6）受援人自行委托律师或者其他代理人；（7）受援人有正当理由要求终止法律援助；（8）法律法规规定的其他情形。

6. 答：根据《法律援助法》第 61 条规定，法律援助机构及其工作人员有下列情形之一的，由设立该法律援助机构的司法行政部门责令限期改正；有违法所得的，责令退还或者没收违法所得；对直接负责的主管人员和其他直接责任人员，依法给予处分：（1）拒绝为符合法律援助条件的人员提供法律援助，或者故意为不符合法律援助条件的人员提供法律援助；（2）指派不符合本法规定的人员提供法律援助；（3）收取受援人财物；（4）从事有偿法律服务；（5）侵占、私分、挪用法律援助经费；（6）泄露法律援助过程中知悉的国家秘密、商业秘密和个人隐私；（7）法律法规规定的其他情形。